歴史文化ライブラリー

13

近世おんな旅日記

柴 桂 子

吉川弘文館

原則として、初版で掲載した口絵は割愛しております。

目次

旅を終えた女たち

1　旅日記にみる女たちの生きざま

旅日記にみる女たちの生きざま――本書の課題――

近世の女性観は、戦前戦後を通じて長い間、女性史家の第一人者である高群逸枝《たかむれいつえ》（一八九四〜一九六四）の言葉に代表されるように、江戸期を女性の地位の最低下期とし、「わが国においての女性被圧迫の頂点」で「女性の屈辱時代」と見なし「夫の家の私有財産の相続者を生む性奴隷」であり、家事労働に従事する「夫の家の私的経営の奴隷」で、「他の労働奴隷とおなじ〝生ける道具〟として主人の掌握のもとに全人格を失うものであった」（『女性の歴史』）というのが通念であった。

こうした女性観をうみ出したのは、江戸期が封建制、家父長制社会であったという指摘とともに、江戸期に刊行された三、四千種ともいわれる儒教的色彩の濃い『女大学』を代表とする女子用往来《おうらい》物（教科書）を中心に女性観を築いてしまったからだと考えられる。しかし、「婦人に三従の道あり、凡《およそ》、婦人は柔和《にゅうわ》にして人に従ふを道とす。我が心に任せて行ふべからず」（貝原益軒）（「教女子法《じょしをおしえるほう》」『和俗童子訓』）や「命をすてゝもみさほを守るを、婦人の第一節とす」（三浦梅園『鉄漿訓《かねくん》』）などの女訓書《じょくんしょ》に見られる規範的な女の生き方に女たちが甘んじていたとは思われない。

現代ほどの自由はなく、数多くの規制はあったが、戦争のない二百数十年間もの「平和」な時代に、女たちは何を考え、何を思い、何を望んで生きたのだろうか。それまでまったく顧みられなかった江戸時代の女たちの思いや生きざまを知りたく、私は長い間女たちの書き残した詩歌・俳諧・日記・散文・物語・書画などを探し求めつづけている。

それらの中で興味をそそられるのは旅日記の類である。旅日記は女たちの行動力を最も表現している。自分の足だけが頼りの近世の女たちの旅の実態はどのようなものであったのだろうか。現代の旅からは想像もできない苦労と喜びがあっただろう。旅日記を残した女たちの文化的・思想的な背景を考え、近世の女たちの教養と精神生活をたどってみたいと思う。また、旅を経験した女たちが旅の中で何を見、どのように視野を広げ、何を感じ取ったのか、旅を終えた女たちはどのような行動する人間に変身し、数々の規制を越えて

女の旅姿（山田音羽子「道中記」より）

自らの意思で残りの人生をいかに生きていったのかを考察してみたい。

近年、新しい女の生き方や理論にのみ走る風潮の中で、過去の女たちの生きた足跡にも目を向け、過去の女たちの声にも耳を傾け、実態の中から人間の生き方を学び、過去の女たちの足跡や声を次代へ引き継ぎたいと思う。

さまざまな女たちの旅

自らの旅

手元に集まった、近世の女たちの旅日記百数十点（旅日並《ひなみ》日記・紀行文・回想記・備忘録・金銭出納帳などを含む）を、旅の目的・動機別に分類してみると大きく二つに分けられる。一つは女たちが自らの意思にもとづいて行った自発的な旅であり、あと一つは自らの意思ではなく、他から強制されてせざるを得なかった旅である。

神社仏閣参詣・物見遊山の旅

自らの意思による旅の中で圧倒的に多いのが、神社仏閣参詣に事よせて出かけた物見遊《ものみゆ》山《さん》の旅で、旅日記のほぼ半数を占める。このことは慶安二年（一六四九）に徳川幕府より出された、農民に対する日常生活の心得などを細かに説いた「慶安御触書《けいあんのおふれがき》」に「大茶飲み・物まいり・遊山すきする女房は離別すべし」という条文を加えなければならなかったことによってても裏付けられる。こうした条文にもかかわらず、その後も多くの女たちは物まいり・遊山を好んで旅へ出たのである。

駿河国庵原《いはら》村の酒造業山梨家の主婦志賀子は、寛政四年（一七九二）、五十五歳の時、四男東平と従者を伴って伊勢詣《もう》での旅に出た。東海道を西へ向い、秋葉山・鳳来寺《ほうらいじ》へ立寄り、伊勢内宮《ないくう》・外宮《げくう》を参拝し、近江路をへて京都へ到着、公達《きんだち》が多くの随身の女官を引連れて通る風景に目を見張る。宇治・奈良・吉野・高野山・大坂をへて摩耶《まや》山より兵庫の海面を眺《なが》め、生田の森で源平合戦の武将たちを偲《しの》び、須磨・明石で平家の人びとの遺跡を訪ね、姫路の城下と岡山をすぎ船で丸亀へ渡る。金毘羅《こんぴら》めぐりをすませ、宮島へ渡り、船で島めぐりをし、桃嶋の磯辺に牛を放し子供らが草をはませている光景に興味を抱く。広島で陸に上り帰路に着く。道すがら各地の神社や名所を訪れ大坂で旅の疲れをやすめ、京都へ上る。京都にほぼ一ヵ月滞在し加茂祭りなどを見物したが、その間の様子は「都の事は中々筆にも及ばねばをしくもらしつ」と日記に書き記されていない。五月十三日京都を発ち、不破の関をすぎ、名古屋をへて見附《みつけ》（静岡県磐田市）で富士の高根を眺め、無事の帰郷を喜ぶ。二月から五月にかけての花の盛りの旅を充分満喫した志賀子は、

旅衣いく日重《かさね》て立かへり　富士を見つけの名さへうれしき

と、その旅日記「春埜道久佐《はるのみちくさ》」を結んでいる。

多くの女たちが志賀子と同じく伊勢詣での行き帰りに貪欲《どんよく》に各地の名所を訪れている。

筑前国植木村の薬種商阿部家の主婦峯子は天保十一年（一八四〇）、四十八歳の時、伊勢詣での旅に出て、「伊勢詣日記」を残している。二月二十三日に友人のゆゐ子らと植木を出発し、瀬戸内海を船で都へ向い、その途中、岩国・宮島・尾道・岡山へ立寄り陸に上って各所の神仏に参詣し、丸亀より金比羅宮に参り、赤穂義士ゆかりの華岳寺（嘉学寺）の開帳を拝して涙を流し、須磨寺や兵庫の平清盛の墓に詣で大坂見物の後、宇治をまわって京都へ到着する。都見物に一〇日ほどかけて隈なく歩き、近江八景めぐりをして草津で名物の乳母餅《うばがもち》を買い求め、鈴鹿越えをして伊勢神宮へ向う。三日ほど伊勢ですごし、帰路は伊賀越えして奈良・吉野で遊び、五月二日に大坂から船路で瀬戸内海を下り、五月九日に帰郷した。およそ四〇日の旅である。

三十三所巡礼

強い信仰心から病気がちな体を押して巡礼の旅に出ることもある。

江戸品川宿の揚屋《あげや》（置屋と呼ばれる遊女屋から遊女を招いて遊ぶ家）のおかみ岩下磯の子は万延元年（一八六〇）に従者二人を連れ秩父巡礼の旅へ出た。磯の子は病身ということもあって早くより観音菩薩を信仰していた。八月二十六日に駕籠《かご》で出発し、途中雑司ヶ谷の鬼子母神《きしもじん》を参拝する。蕨の駅《わらびうまや》（埼玉県戸田市）で遊女たちが客を招く姿に心をとめるのは、遊女の生活を深く知る身であるからであろう。大宮・熊谷に宿をとり、伊香保温泉に着いた時には体調をくずし四、五日逗留《とうりゅう》することになる。その地で果てるかと心細く思い神仏に願をかけるうち食も出てきたので秩父へ急ぐ。道中の神仏や菩薩の礼拝を重ね、秩父観音めぐりを無事すませ一七日間の旅を終える。旅から帰った翌日早くも磯の子は筆をとって「秩父ずむらい（巡礼）の記」を書き上げる。

信州坂城《さかき》の酒造業沓掛家の主婦なか子は享和三年（一八〇三）、五十五歳の時、三男淵魚と従者を伴い秩父三十四ヵ所観音めぐりの旅に出かける。

三月五日に坂城を発ち、途中縁者やゆかりの寺などに立寄って、九日に江戸からの行程とは逆の第三十四番札所《ふだしょ》水潜寺の千手観音に参詣する。なか子は苦しい山道も「我年久におもひたねらひし旅にしあれば、家出る日より人の行所ならば我とても越《こえ》ん、人の為《な》す事は何事にてもなさん」と決心して出発したので、少しもひるむことなくよじ登る。四十歳で夫に死別し、以後家業の経営と四男二女の養育を肩に荷なって生きたなか子の、物事に対する挑戦の姿がくみとれる。長年の念願であった秩父三十四番観世音巡礼を果たしたなか子は、帰途江戸・江の島・鎌倉・日光へまわって巡礼の旅を終え、旅中の様子を「東路日記」として書き留めている。

下総国松戸の名主の母大熊次女は、夫伊兵衛の没後五年目の天保十三年（一八四二）、四十五歳の時、従者を連れて秩父観音めぐりおよび善光寺《ぜんこうじ》参詣に出た。七日間（大雪のため一日は宿に滞在）かけて三十四番めぐりを終え、その足で善光寺詣でに出かける。伊香保温泉で骨休みをし榛名《はるな》山の池めぐりを楽しんだ後、道すがら坂東札所めぐりをしながら日光へ足をのばし、筑波山や足尾山を訪れ、三五日間の旅を終える。この時の旅の足あとを「秩父道中覚」として書き留めているが、これは訪れた寺社やその日の行程のほか、宿泊した宿屋の名前もきちんと書き付け、その中には現在もなお同じ屋号で営業をつづけている宿屋もある。

次女は五十一歳のときにも二〇日ほどかけて成田山・香取・鹿島神社や坂東三十三番札所の三十番高蔵寺から三十三番那古めぐりをし「三社参詣銚子並《ならびに》東坂東道中記」という簡単な旅の記録を残している。

なか子も次女も亡き夫への供養の巡礼と思われる。ともに四十代で後家となり、名目上は若い息子に家業や名主職を譲ってはいたが、まだ主導権は握っていたときの旅である。

修業の旅

徳川幕藩体制のもとでは、士農工商の身分制度、男尊女卑の風潮・性差別、各身分ごとの厳しい統制などがあり、決して住みやすい世ではなかったが、少なくとも戦争のない「平和な世」が二百数十年間つづいたために、文化は他の時代には見られないほど広範囲の地域に広がりそこに根付き成長した。それまでは一部の階級の人のものであった文化や学問が、経済の発展を背景にして町では豪商たちから庶民層に至るまで、村では豪農たちを中心に広がった。人びとは文化を一方的に享受するだけでなく、積極的に新しい文化を生み出していった。伝播《でんぱ》してくる文化の波をただ居場所でじっと待ち受けるのではなく、文化を求めて旅に出た。行く先は江戸・京都・大坂の三都にかぎらず、各地に点在する風流を楽しむ友人を尋ねて、時にはその住居を宿泊所として何日も滞在し、文芸や学問の修業をした。また、自然を道場として詩歌を詠じ、絵筆をとった。寺社参詣や物見遊山でさえ目的地やその道中も文芸の修業の場であり、これまで紹介した旅日記にはほとんど歌が詠《よ》み込まれ、参詣や遊山という目的のほかに行く先々で、あるいは歩行をつづけながら歌を詠むという別の目的のためにも旅に出たのである。

学問のために三都へ行き、地方に住む師を訪ねるのは男性だけではなかった。女たちも学問を目ざして家族とともにあるいは一人で旅に出た。

文芸の修業

長門国長府の田上菊舎尼《たがみきくしゃに》は二十四歳で夫に死別した後、実家へ復籍し、二十八歳の時、髪を剃り尼姿となった。

秋風に浮世の塵を払ひけり

若い後家や出もどり女にふりかかる世間の目や規範にそった女の生き方を捨てて風雅の道に生きたいという思いが、菊舎尼をさばさばした気持にしている。安永九年（一七八〇）菊舎尼は俳諧修業を目指して美濃派六世の朝暮《ちようぼ》園傘狂《えんさんきよう》のもとへ旅立つ。この時より菊舎尼の生涯をかけての一笠一杖《いちりゆういちじよう》の修業の旅が始まった。美濃国岩手村の師のもとで数カ月滞在して俳諧の道の研鑽を積んだ後、師や社中同人に惜しまれながら奥州へ旅立った。頭陀袋《ずだぶくろ》には各地の傘狂門下宛の「一宿の義御世話下されʼ」という師の暖かい紹介状が大切に入れられてあった。それでも一人旅の淋しさとつれづれを「心細さのただ独り、寂寞《じやくばく》無聊《ぶりよう》の限りなし」と菊舎尼はつぶやいている。

北国街道を越前へ向い、加賀国松任《まつとう》では六年前に世を去った千代女の旧跡を訪れ、養子白烏《はくう》を尋ねて千代女を偲《しの》ぶ。その後、金沢・能登・越中・越後の俳友を尋ねて善光寺へ参詣する。のちふたたび越後路を後戻りして北国街道を進み、出羽国小国《おぐに》にしばらく滞在して、五松という書家に書を学ぶ。その後、米沢・山形をへて立石寺《りつしやくじ》や松島・宮城野・日光に芭蕉の跡を慕《した》い、年の暮れに江戸へ到着する。二年余りを江戸で過ごし、師傘狂の高弟白寿坊《はくじゅぼう》の指導のもとに雅会や茶会にも参加する。そのころには大名や高貴の方へも招かれるほど菊舎の俳人としての名声は響き渡っていた。

「風交雅友の因《ちなみ》に誘はれ、俳諧茶遊のたのしみをもて、朝な夕な東往西奔に暇なかりし」が、やっと故郷へ帰る決意をし、途中美濃国の師のもとに立寄る。ここでも毎日のように雅会に出席し、また師の主家である旗本竹中家の家老伊藤宗長に茶道を学ぶ。師や社中に盛大な送別の雅会を催されて帰途京都に立寄り、大坂から船で瀬戸内海を西へ下り、五年振りに故郷の父母のもとに帰り着く。この旅の記録を「手折菊一　花の巻」として書き留めている。

久し振りに正月を父母の膝下《しっか》で迎え、長府に落着いたが、その翌年には美濃の俳友百茶坊に訪《おとな》われ九州行脚《あんぎゃ》に同行する。美濃派の俳諧伝播、結社融和・拡大のため長崎・熊本まで足をのばし、長崎で年を越して阿蘇山に登り帰郷するが、秋には百茶坊を送るかたがた、健康にすぐれない師を見舞うため美濃へ向う（「ふたたび杖」）。三十八歳の時には、芭蕉の百年忌に参会するため三度目の上京をし、京・宇治・奈良・吉野・大坂を漫遊する。桜の終った吉野の西行庵で大雨を避けて一夜を明かすが、それより歌も詠むようになる。初め

て口ずさんだ歌、

夏来ても花かと見えて吉野山　みねの青葉にかかるしら雲　（「手折菊三　風の巻」）

遊吟・画賛・弾琴の旅

四十一歳の時、菊舎尼はふたたび江戸へ旅立ち、かつて世話になった麻布六本木の木工屋作左衛門を訪れる。作左衛門は菊舎尼のために七弦琴を作って贈り、弾琴の師として薩摩藩士菊池東元を紹介する。菊舎尼は江戸で年を越し、春を待って贈られた七弦琴を携え、東海道五十三次の景観を描き、それに句をつけて各駅に贈呈した。その句画賛の一部を「手折菊二　島の巻」に見ることができるが、草稿は荒っぽいまでの力強い濃淡の墨絵に美しい淡い色彩がほどこされ、やさしさの感じられる絵に仕上っている。

東海道五十三次の旅を終えた菊舎尼は、京都では前右大臣西園寺賞季から七弦琴に「流水」の銘を賜り、千家十職の一人塗師《ぬし》の中村宗哲に銘を依頼し、琴仙公と称された平松中納言時章《ときあき》に入門して弾琴の技を磨いた。さらに詠唱のために清音《せいいん》をも学ぶほどの熱の入れようであった。京都滞在中は公卿や著名な風流人らと交わり、俳諧・和歌・管弦《かんげん》の会や茶会に積極的に出席して交遊を深めた。

寛政八年（一七九六）、四十四歳の菊舎尼は愛用の七弦琴を携えてふたたび長崎へ旅立

「舞　坂」

「大井川」

菊舎尼の句画賛

つ。道中の雅友と交って俳席に連なったが、この旅の目的は漢詩を学ぶことにあった。長崎の儒学者平野某に漢詩と牙音《がおん》（破裂音・鼻音）を学び、このころより句と漢詩を並列して書き記すという新しい文芸形態をとるようになる。九州滞在二年間のうちに、菊舍尼は五言絶句・七言絶句・俳律と詩作に情熱を燃やし、長崎郊外の唐人村に住む清の儒者　蔣《しょう》菱《りょうしゅう》舟や画家費晴湖《ひせいこ》に臆することなく漢詩を贈ったり、福岡の亀井南冥《なんめい》や久留米の樺島石《かばしませき》梁《りょう》ら著名な儒者や禅僧らとの交友を深め漢詩を贈るなどしている。

菊舍尼五十一歳の秋には三度目の九州漫遊の旅に出る。別府の温泉で旅の疲れをいやし、別府八湯の一つである観海山に登る。そこに湧《わ》き出る清泉で土地の人びとは飯食を炊《た》くが、菊舍尼はここへ敷物をし、湧き出る温泉を自然の茶釜に仕立て口切りの茶会（陰暦十月の初めごろに、茶壺の口を切って新茶でする茶会）を催す。

その雅興ことに浅からず、空吹風たなびく雲の碗中に移り、香風碧雲の色濃くそひ、いはゆる流霞を及ぶに似たり（略）

天目《てんもく》に小春の雲の動きかな

中国の天目茶碗のなかに日本の空の雲を映し悠々《ゆうゆう》と大地にひたって風雅なおもむきに大満足の菊舍尼である。一ヵ月ほど、この地の風雅の友の家に滞在した後、山越えして筑前博多へ向う。ここで儒者南冥やその弟の曇栄禅師《どんえいぜんじ》らを訪れて漢詩と発句の新詩体を贈り、柳川や熊本へも足をのばして各地で画賛や弾琴に興じ一年余りをすごす。

この後も菊舎尼の旅はつづく。五十三歳で四度目の九州行脚《あんぎゃ》、五十四歳の時には一〇〇日余りの四度目の上京の旅に出る。

その後は夫をなくした母に孝養をつくし、遠方の旅を控え、本藩のある萩や婚家の墓参など藩内の村々を訪れ、俳席に列し自ら茶会を催したり、相も変らず琴を抱いて遊吟の旅をつづけた。

しかし流水琴が誘うのか、菊舎尼の心が先立つのか、旅への思いはやみがたく、文化八年（一八一一）、五十九歳の春、菊舎尼は八十歳の老母を残して、親鸞上人五百五十回忌参会に事よせて愛用の流水琴を抱えて五度目の上京の旅に出た。瀬戸内海の船旅を終え、大坂の友人の家にしばらく滞在し京へ上る。琴仙公を訪問し、自作の菊の画に賛を賜る。十月には自分の六十歳の前祝として大徳寺で口切茶会を開き、親しく交った人びとを招いて、頭陀袋に入れて持って来た茶器と琴の一曲で人びとをもてなす。

在京中は、西園寺・徳大寺らの雲上人《うんじょうびと》をはじめ風雅の友との交遊に明け暮れし年を越す。春には、江戸への参勤の途上にあった長府藩主毛利元義《もとよし》を伏見に訪れ句を献上する。

その足で大坂へ川船で下り、友人の馬場栄子を訪問する。このとき、栄子に琴仙公伝授の古琴の弾法を伝え愛用の「流水琴」を贈った。ふたたび京へ向い、四月八日には西徳寺の住職に誘われ、奈良法隆寺の三三年に一度の御開扉《ごかいひ》参詣の旅に出る。宝物を拝観し、八世紀のものといわれる開元琴の拝見と弾奏を許可され「あまりの冥加《みょうが》にめでてすなはち、太子の尊像の前にいたり、南薫操《なんくんそう》一曲を弾奏す。実にや数千年来の古楽器、開元の遺響絃上に備り有難さいはむかたなし」（「手折菊　四月の巻」）と聖徳太子像の前で奏《かな》でる至福の喜びを述べている。この一年三ヵ月の旅の終りに、菊舎尼は自ら序文を書き、京都の有名な書店橘屋治兵衛方から、これまでの三三年間の旅の記録を「手折菊」四巻にまとめ還暦の祝として出版した。

　これを機に菊舎尼の遠距離の旅は見られなくなるが、文政九年（一八二六）、七十四歳で世を去る寸前まで、萩や生まれ故郷田耕村、藩内の近郷への旅をくりかえし、山野・神社仏閣を遊吟し、風雅の友との交わりをつづけた。

　菊舎尼の行脚は二万七〇〇〇キロにも及ぶといわれ、道のりの長さと「旅を栖《すみか》」とした年数は江戸期随一の女性旅行家といえよう。

筑前福岡藩支藩の秋月藩黒田家の儒者原古処の娘采蘋《さいひん》は、八、九歳のころから父に連れられて父の師であった福岡藩の儒者亀井南冥をたずね、南冥の子昭陽やその娘少琴《しょうきん》と交流し、学問の世界になじんでいた。十八、九歳のころには父母とともに周防・長門・安芸などを遊学し、広島では儒者の頼春水《らいしゅんすい》（山陽の父）・梅颸《ばいし》夫妻に歓待され、行く先々で一同と詩を吟じ酒を酌み交している。豊後国日田の儒者で私塾咸宜園《かんぎえん》を創設した広瀬淡窓《たんそう》のもとにも父の供をして再三訪れており、二十三歳の時の訪問の印象を淡窓は「幼ヨリ読書文芸ヲ学ビ、尤モ詩ニ長ゼリ。其行事磊々《らいらい》落々（小さいことにこだわらない）トシテ、男子ニ異ナラズ。又能《よ》ク豪飲セリ」と、その日記『懐旧楼筆記』（巻二十）に記しているが、采蘋は後に男装して旅をしたともいわれ、終生酒を好んだ。この後も父とともに佐賀や秋月藩が警備にあたっていた長崎をも訪れている。

家族同行の学問の旅

采蘋が江戸への遊学を志して一人旅に出たのは文政八年（一八二五）の正月である。途中福岡の亀井昭陽やその娘少琴に旅立ちの挨拶に立寄っているが、昭陽は采蘋の来訪を大いに喜び、すでに結婚していた少琴や門人を集めて歓迎した。この折少琴は同性の思いを父に詩作して貰って送別の辞として贈った。その中で女子の単身遊学に大いに反対し、女性は結婚して家庭にあるべきと厳しく諭《さと》したが、采蘋の固い決心は動じることがなかった。東へ向う途上、采蘋は父古処の旧友たちを訪ね、教えを受けながら京都に到着した。一年余りの京都滞在中に奈良や吉野または天橋立《あまのはしだて》や丹後地方を訪れ詩作に余念のない日々をすごしていたが、郷里の父の病いの知らせに急ぎ帰郷し看病に尽した。

江戸遊学

文政十年（一八二七）正月、父を見送った采蘋は半年の喪に服した後、ふたたび強い決意のもとに老母を秋月に残し、単身上京の旅に向った。その懐には亀井南冥の遺品であった自由人を意味する「東西南北人」の印を父から譲り受け大切にしまってあった。采蘋はこの印を生涯肌身離さず保持したが、自ら自由人であることを自負しつづけたのであろう。采蘋の単身上京の強い意志の裏には故父の強い願望があった。采蘋には兄と弟の兄弟がいたが、ともに体が弱かった。父古処が采蘋を少女時代から旅につれ歩き、地方の儒者たちに学ばせたのは、早くから采蘋の才能に気づいたからであろう。采蘋も父の期待にこたえ詩作の研鑽に励み、儒者たちと同席して堂々と詩を吟ずるようになった。そして体の弱い兄弟に代って、藩校の教授を追われた古処の雪辱《せつじょく》を晴らし名をあげ、家を保持する生計も担わねばならないという実生活の責任もひそかに持っていたのであろう。名をあげる研鑽の遊学と生計の口を求めての旅であったからこそ、友人に詩を送って自分の行動には心に誓ったことがあり、名を成さずに故郷に戻ることがどうしてできようかという心情を述べている（「東遊日記」）。

豊前岩熊で養生のかたわら塾を開いていた兄弟に別れを告げ、いよいよ一人旅が始まる。赤間関《あかまがせき》より船で宮島へ立寄る。ここはかつて父母とともに旅をした土地であり往事を偲んでいる。廿日市《はつかいち》（広島県）で船をおり、広島・府中の古処の旧友たちと交流し詩を吟じ酒を酌み交わす。頼山陽の叔父杏坪《きょうへい》や山陽の母梅颸《ばいし》に歓待され観月会などを催されている。杏坪の紹介状により以後の中国路の旅は行く先々で歓迎される。また富豪の家を転々として筆耕をしたり、時には詩の講義などもして学び旅の糧を得て交友を深めていく。行く先々での歓待は単に父の旧友や杏坪の紹介状があるからというだけではなく、やはり采蘋の才能と人柄が受け入れられたのであろう。

文政十一年（一八二八）の新年を備中宮内の真野竹堂方で迎え、吉備神社で初詣でをすませ、その社家で国学者として著名な藤井高尚を訪問する。一月中旬に岡山へ入り一〇日後には播州赤穂に到着し、小田盤谷方に二ヵ月ほど滞在する。采蘋はここで地方人の要請に答えて書を教え、詩を講じたと思われる。三月下旬に赤穂を後にして竜野・姫路・明石の文人たちを訪れ、幾多の会う楽しみと別れの辛さを味わいながら旅をつづけ、四月中旬に兵庫に到着している。

六月に故郷秋月を出発して、ほぼ一一ヵ月間の、漢詩を中心として綴る「東遊日記」は兵庫あたりで筆を止めている。こののち京都へのぼり、京都では頼山陽や美濃大垣の詩人梁川星巌《やながわせいがん》らに詩稿の批評を受け、賞讃と激励の言葉を与えられた。星巌は東海道を下る采蘋のために各地の諸士にあてた紹介状をしたため旅の便宜をはかってくれた。

江戸への遊学の旅の道中も采蘋にとっては教場であった。各地の文人雅人と交遊して詩を吟じ、酒を酌み交わしながら詩作の力を練っていった。こうした旅は采蘋の生涯を通して続けられた。

二十年間の江戸滞在

采蘋が江戸へ到着したのは文政十一年（一八二八）の冬、三十一歳の時である。儒学者松崎慊堂《こうどう》の紹介で浅草称念寺に住居を定め、諸藩の藩士や古賀侗庵《どうあん》・古賀穀堂《こくどう》・羽倉簡堂《かんどう》・佐藤一斎ら当時著名な儒学者や大沼枕山《ちんざん》ら漢詩人たちと交わり、諸大名家にも招かれ詩書を講義した。采蘋の江戸滞在日記は天保二年（一八三一）正月から四月までと天保十三年（一八四二）正月の断片的な日記が「有煒楼詩稿」の中に収められてある。日記というにはあまりにも短い漢字や数字の数行の文中に、「紡績」「終日績」「女工」などの文字が見られ、生計のために糸を紡ぎ縫い物をして賃稼ぎに終日をつぶした日もあったことがうかがわれる。また、生活のために詩書を写し、講釈などもしているが、詩作には多くの時間をさいている。称念寺住職夫妻とは家人のように親しくし、住職と酒を酌み交わし、夫人が病の床に就くと看病にあたり、その傍で酔いふすこともあり、夫人と連れ立って梅見に出かけることもあり、上野の花見にもでかけている。漢詩人や儒学者たちを自分から訪問することもあり、来客もしばしばある。どちらの場合も、よく酒を飲み、時には大いに酔いつぶれることもある。足痛にたびたび悩まされているが、度をすぎた飲食のための痛風であろうか。

采蘋はまた久留米藩や津藩・会津藩・米沢藩邸にたびたび出入りしているが、久留米藩は、采蘋が故郷秋月を出る際、久留米藩士豊島左膳の養女として、つまり藩籍外の娘として出郷の許可を取ったので、その関係で月に一、二度久留米藩へ顔を出していたものと思われる。外出の帰途友人たちに出会うと誘われるままにその家で酒を飲み語り合い一夜の宿を借りることもある。同じ町内に住む女漢詩人篠田雲鳳《うんぽう》をも再三訪れ、昌平黌《しょうへいこう》の儒者古賀侗庵やその兄で佐賀藩の儒者穀堂らに漢詩を贈り教えを受けている。

このように連日諸家に「流宿転処」し、詩を賦し、講書・遊覧・招待の明け暮れは江戸の中だけで行われたのではなく、江戸近辺の旅の中でも同じような生活がつづけられた。

天保から弘化年間（一八四〇年代）にかけて采蘋はよく旅をしている。この間の旅日記は残されていないが、漢詩から旅の足跡を追うことができる。第一回目の房総への旅、武蔵・上野・下野・日光と関東周辺への旅、そして弘化四年（一八四七）秋の第二回目の房総の旅で江戸滞在中の旅に終りをとげている。

房総詩吟の旅

采蘋が房総二度目の旅に出たとき、すでに江戸滞在一八年をへており、五十歳になっていた。秋も深まった日に江戸を船で発ち木更津に上陸して、富津《ふっつ》・勝山と庄屋や儒者・医者の知人を訪ねて宿を借り、谷向村《やむかいむら》（安房郡三芳村）の鱸松塘《すずきしょうとう》のもとにも滞留する。松塘は梁川星巌の弟子で、星巌も妻の紅蘭を伴って六年前に房総めぐりの旅をした折、松塘のもとを訪れている。松塘が采蘋を大いに歓迎したことは、その翌年に生まれた二女の沢《さわ》に、采蘋と紅蘭からとったと思われる采蘭の号を与えたことからもうかがえる。ちなみに采蘭は父に詩を学び、父が「七曲吟社」を創設し、交有塾を開くと父を助けて女弟子を教え、その門下に三田蘭友・鈴木芳香《しこう》・岩田湘浜《しょうひん》らを出し、明治期の女性漢詩界を賑わした。

采蘋は白浜（館山市）の島崎村庄屋行方家で年を越し、訪れて来る人びとと詩を吟じ海辺の里でのどかな春の日をすごす。出会いと別れを重ね、春の房総東海岸を波太《なぶと》（鴨川市)・勝浦・久保(夷隅郡《いすみ》)と東上し、九十九里浜の一宮をへて上総四天木(山武郡《さんぶ》)の九十九里きっての大網主斎藤五清堂(公和)を訪れた。ここで房総の一人旅の漢詩によって綴られた「東遊漫草」は終っている。おそらく盛暑の訪れる前には江戸へ帰り着いたのであろう。采蘋は「東遊漫草」の他にこの旅の宿泊先と思われる村名と人名を記した数枚のメモを残している。

采蘋の二度目の房総の旅は、おそらく星巌が六年前に妻紅蘭を伴って房総めぐりをしたことに影響されて一度目の旅から一八年振りにふたたび旅をする決心をしたのであろう。一八年前の旅では、采蘋は江戸へ出て二年ほどしかたっておらず、房総地域には知人もなく心細い手探りの旅であったと思われるが、二度目の旅は、采蘋自身の江戸での漢詩人、女儒者としての評判に星巌の紹介も加わって行く先々で歓迎を受け、星巌や紅蘭の詩で知った房総の景勝地を目のあたりにして詩作もすすみ有意義な旅であったであろう。

亡夫の国薩摩へ

薩摩藩士税所篤之《さいしょあつゆき》の後妻敦子は、八年間の結婚生活ののち夫に先立たれる。一人娘の徳子を抱え途方に暮れるが、心を取り直し夫の故郷鹿児島に下って姑《しゅうとめ》に仕え、篤之と先妻との間に生まれた二人の継娘《ままむすめ》の教育に尽すのが、亡き夫の教えに添うものであると旅立ちを決心する。東福寺の亡夫の墓に参り、親しく交った人びとに別れを告げ、遠い鹿児島へ旅立ったのは、夫の一周忌を終えた嘉永六年（一八五三）の四月下旬であった。生まれ育った時から三〇年近く住み慣れた土地を離れ「唐土《もろこし》近き境」に行くことを周囲の人びとは反対したが、それを押し切っての出発であった。

高瀬川を舟で下り、伏見から夜船に乗りかえて淀川を下るころは、雨風もはげしく、さすがの敦子も心細く夜を明かす。難波から連れの薩摩藩士たちと同行の旅になるが、うちとけず語り合う人も見いだせないまま陸地の旅をつづける。須磨の浦あたりを通りすぎる時は気分がすぐれず、駕籠《かご》からおりる気持ちにもなれない。しかし心の憂さも少し晴れ、旅にも慣れてきたのか明石の柿本人丸神社や吉備津宮には参拝している。備後糸崎あたりになると、周囲の景色に目を見はり、「須磨明石の浦づたひにをさ〳〵おとらず」、京では見ることのできない沖の島山にかかる雨雲にさえあわれを感じ、「かかる旅路に出でざらましかばと、いとめづらしう、かひありてさへ覚ゆ」と旅に出た喜びを味わっている。そして次第に故郷の京を思う気持もうすれていき、夏の山路の暑さ苦しさも、湧《わ》き出る清水に忘れる体験をする。

古郷もわするゝものは山水を　むすぶしばしの心なりけり

五月十三日には、船路のおそろしさも忘れて厳島《いつくしま》に参詣する。宮殿をはじめあたりの景色は国の三景にふさわしく絵で見るよりはるかに絶景で、帰りの船が急ぎ漕ぎ離れるのがうとまれるほど敦子の心をとらえる。その日の宿はまだ先で、暮れてからも月のない山路を急ぎ、敦子は厳島の絶景の感動のあまりか、駕籠《かご》の中で寝入ってしまい宿に着いたのも知らず、「我ながらあまりに用意なき心のほどにもと、浅ましう思ひ知らる」と反省する。

二十二日に九州入りをする。温泉といえば有馬温泉しか耳にしたことのない敦子は、山《や》鹿《ま》温泉（熊本県山鹿市）の湯の良さに大喜びし、もっとゆっくりしたいのに先を急ぐ旅であることを口惜しく思う。六月一日に鹿児島の城下入りをし、ほぼ三〇日ほどの「心づくし」（旅日記の題名）の旅は終わる。

夫同行の里帰り

信州飯田島田村の庄屋森本真弓・都々子夫妻は、文政五年（一八二二）三月、遠州浜松に住む都々子の母がしきりに会いたがるので、はるばる山路を越えて迎えに来た父とともに浜松へ里帰りをする。下働きの男二人が荷物持ちとして同行する。夫真弓は庄屋としての勤めのほかに飯田藩堀家の御仕送り御用達《ごようたし》（藩の臨時出費を賄う御用金を納めたり、年貢米を担保に「御定借金」をしたり、藩の財政を支える役）の公務もある忙しい身ながら妻に同行する。

天竜川を舟で渡り、越久保という村で宿をかり、小川路峠で島田村を遠くに眺め、そこまで送って来た人びとに別れを告げる。小雨降る中を蓑《みの》をつけて峠を上り下りして、木沢という里に着き宿を探すが、何かと障りがあるからと泊めてくれず、むさ苦しい宿に泊る。青崩の険しい峠を越え、信濃と遠江の国の境の茶屋で片面ずつにごまと味噌《みそ》を塗って雪国の信濃と赤土の遠江を表す名物のこんにゃくを食べる。秋葉神社に参詣した後、天竜川を舟でくだり、大谷村に隠棲している夫婦の歌道の師内山真龍《またつ》を訪れるが、一年前に世を去ったことを知らされ、その夜はそこに宿を借りて師を偲び語り明かす。途中また歌の師高林方朗《みちあきら》を訪ねるが留守で会えず、その日のうちに浜松の川上家にたどり着く。

その日より親しい人びとや知人が、入れ替り立ち替り出入し酒宴などが開かれる。また、親姉妹や親しい人びとと神社仏閣に参詣したり、船遊びや海辺で貝拾いなどに興じる。ある日、三十三歳になっても子宝に恵まれない都々子のために、孕石《はらめいし》村の孕石天神へ案内される。都々子は石を抱き神前に額《ぬか》ずき一首詠む。

孕《はら》めりし石だに神の恵みあれば　真玉なす子をえなんとぞ思ふ（事実、翌年都々子は男子を出産する）

歌道の師、高林方朗も時々訪れ、『古今集』の講義などをする。都々子は歌の仲間と歌

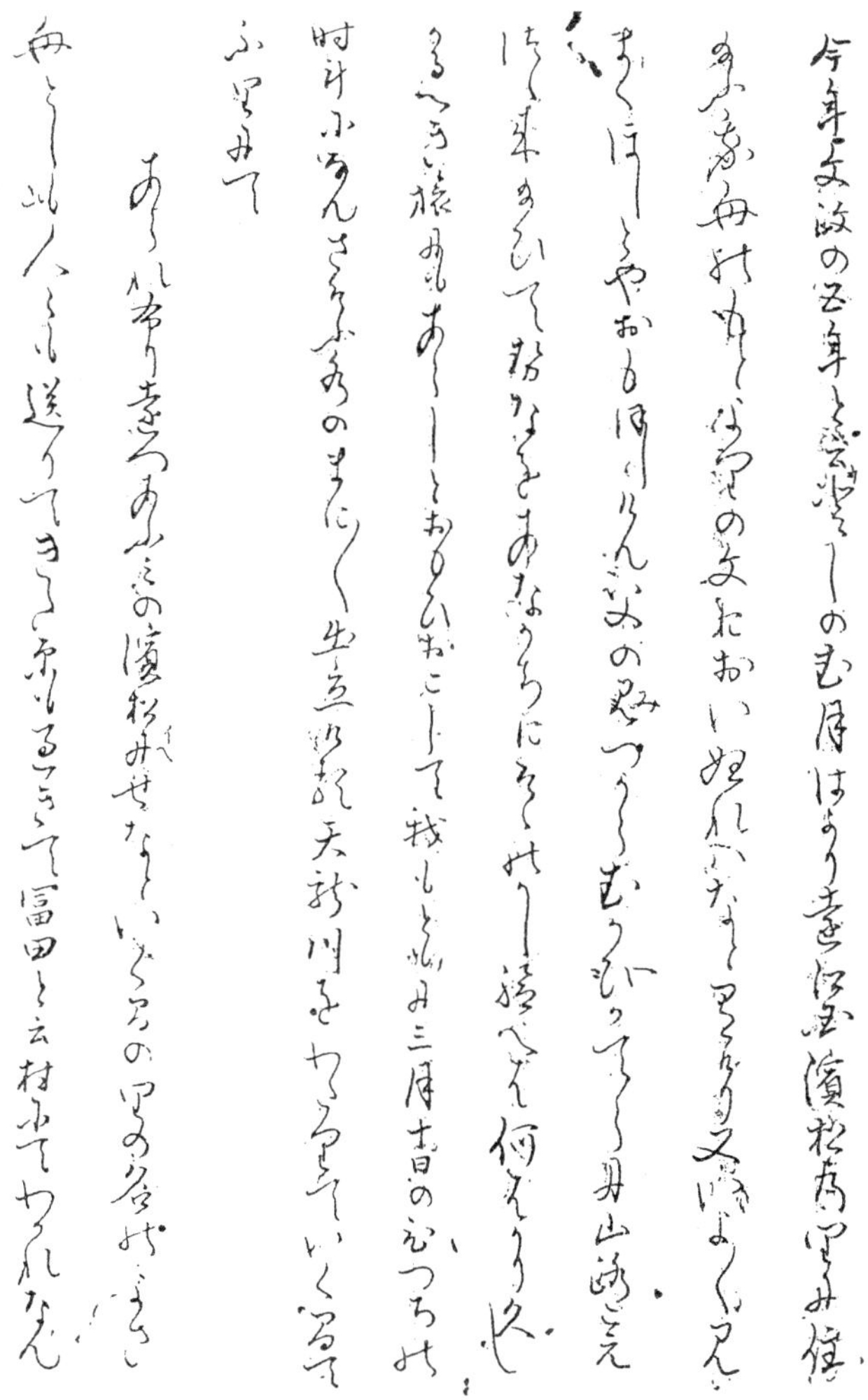

森本都々子「夢路日記」

会を催したりして日をすごし、ある日は飯田では見ることのできない大名行列の天竜川渡しを見物に出かける。

飯田へ帰る日が近づくと、遠くからも人びとが別れの挨拶にやってくる。帰路は東海道を上り豊川稲荷に参詣し、赤坂で宿をとる。藤川をすぎ岡崎を通るが、この地は浮女《うかれめ》が多く、たわぶれて男の心をとらえるなど、本で読んでいたので都々子は気にかけていたが、それらしい様子も見かけない。知立《ちりう》で宿をとり、熱田神宮に参拝して名古屋へ向う。五月五日に名古屋を発ち、歩行や駕籠を乗り継いで、中山道の中津川（岐阜県中津川市）へ出て、美濃と信濃の国境の十石峠を越え、二㌔ほど先の馬籠峠を登る。広瀬村で泊り、翌日は日影さえもれ入ることもない苦しい山道の木曾峠を登る。この峠の下りはもう飯田の堀家の領地である。風越山を越え砂払いという所で、故郷飯田からの迎えの人びとに出会う。そこで旅の無事を祝う盃を酌み交し、人びとは酔って歌いながら家路に向う。

ほぼ二ヵ月の里帰りの旅の記録を夫婦はそれぞれの旅日記に綴っている。都々子は日記の名を「夢路日記」と題している。

湯　治　「夢路日記」を綴った一四年後の天保七年（一八三六）に都々子はもう一冊の旅日記を書いている。「諏訪日記」と題する都々子四十七歳の時の湯治日記である。

十一月の寒い日、孕石天神へ参詣した翌年に生まれた一人息子のまさ久の足のけがの治療のため諏訪へ湯治に出かける。三十代半ばになって恵まれた子を大事に育てていたが、まさ久が戯れて足をくじき、どうしたものかと心を痛めているところへ、高島藩諏訪家に仕える、国中に名が響き渡ったその道の名医ただ木某という医者のことを耳にして早速出かける。夫真弓と親戚の福住が同行する。

旅の二日目に宿をとった大田切（駒ヶ根市）では、六月の大雨で川が増水して三、四人の人が流されたと聞いて都々子は身の毛がよだつ思いをする。松島（伊那市）をすぎた山ふところのひなびた所から湖面《うみづら》がほんの少し見え、その向うに富士の高根も見え、山部赤人の詠んだ田子の浦の風景を想像し、まさ久も絵に描きたいという。

五日目に目的地の下諏訪の宿に着く。高嶋の里の竹屋を逗留宿とする。その宿で、その夜小さな事件が発生する。佐久郡から来た人が湯からあがってみると、脱いで置いていた着物や旅の調度品などが見当らないと驚き、声のかぎりを出して、「盗人《ぬすびと》だ〳〵」と裸のまま大騒ぎをする。人びとも騒ぎ立てて宿の隅々まで探しまわり、道へも出て探し、結局明け方やっと捕える。都々子も不安のまま寝付けず一夜をすごす。

名医ただ木氏の治療を受けたり、上諏訪神社へ参拝したり、かつて夫が足を痛めた時祈願したことのある古沢温泉の地蔵菩薩に参詣したりして二、三日をすごす。夫の真弓は飯田へ向い、母子と供の男だけの療養生活が始まる。宿の隣家で男女が混り合って酒を飲んで、大声の歌声やざれ言が耳に入り都々子は不快な思いをする。雨や風、雪の日もあり、都々子も十歳をすぎた子も飯田を恋しく思って日を送る。

ある日、飯田からの使いの者が来て、夫からの歌が届く。急ぎ開けてみると、

なきわたる千とりもつまやしたふるらん　あらしにふくるとこのさむしろ

とあり、都々子もすぐさま返し歌をこと付ける。

すはのうみやあしのかれはに風さえて　ここにもひとり千とり鳴なり

わずかの日々を別の場所ですごす淋しさを語り伝えずにはいられない熟年の歌人夫婦の相聞歌に、強い夫婦愛を感じる。

一五日ほどの湯治生活を終え、迎えに来た夫とともに帰路の四日の旅を楽しみながら家路につく。

二つの旅日記から、庄屋という使用人も多い大家族の中にありながら、温かい夫婦愛、親子の情、縁者一族との親愛、深い師弟愛、使用人への思いやりがしみじみと感じ取れる。

温泉場へ来て羽をのばして湯治生活を楽しむ主婦の姿は日記からは読みとれない。いつも家に残して来た家族を思いやり、一日も早く帰宅を望むのは都々子だけではない。

保養

出羽庄内藩士池田信の妻喜代井《きよい》は、天保十二年（一八四一）八月、病気と脚の保養のため、ほど遠くない温海《あつみ》温泉（西田川郡）へ出かけるが、その保養生活中、紅葉を見るにつけ、月を眺めるにつけ、心はいつも家に残してきた二人の男の子や舅《しゅうと》である目の不自由な学者玄斎《げんさい》への思いで一杯になる。何ともいえない紅葉の色の美しさも玄斎と一緒にめでたなら、その美しさもいっそうますことであろうと絵筆を取り上げ便りにこと付ける。八月十五夜の月を眺めては、

月は澄のぼり、山の梢を照せるは、落る紅葉の数を見よとか。実に山里ならでは、かゝるをかしき月は、いかで見るべきや。限りなうめづらしきにつけても、父君やをさなきものは、いかにやと例のおもひやらるゝ。

と、心静かに自然の中に身を置き、最上の月を鑑賞できる至上の喜びの中にあっても、心はいつも家に残してきた家族へ飛んでいく。

家にては父君をはじめ、をさなきものなどや、いかに待佗《まちわび》ぬらんとおもひやりて、

松虫の声とゆかしみ露わけて　かへる家路のいそがるゝかな

と、早くも帰ることばかり考え気が急《せ》く。

ゆっくりと養生できないまま、二〇日あまりの保養生活をすごした喜代井は、急ぎ家路に向う。鶴岡へ帰れば、家事や使用人たちへの気配り、子供の世話や、何よりも目を患って書き物に不自由している舅玄斎への手助けなど、寸暇なく働きつづける生活が待っていた。喜代井自身体の弱いこともあって、過労が重なったのか、温海温泉の保養から帰宅して一年あまりののち、喜代井は男たちを残して三十一歳の短い生涯を終えている。

夫の墓参

日向高鍋藩の藩校明倫堂の教授日高耳水の妻蔦子《つたこ》は、慶応三年（一八六七）、五十三歳の時、やっと念願であった夫の墓参を果たす機会に恵まれた。二〇年前、耳水は大坂の儒学者篠崎小竹《しょうちく》の門に入って遊学中に三十九歳で客死し、天王寺の浄国寺に葬られた。その日より蔦子は、残された三人の男子の教育に尽す日々をすごしたが、墓参したいという思いを一日も忘れることがなかった。成長した長男は明倫堂の助教授となり、江戸・大坂での遊学を終えた年、母蔦子の念願をかなえさせようと母を大坂へ呼び寄せた。

蔦子は留守を守る嫁や孫たちに見送られて、高鍋を馬で出発する。行く先々で馬のはなむけ（餞別）を受け、人びとと酒を酌み交す。都濃《つの》をへて二月一日に美々津から船出する。蒲江《かまえ》（大分県南海部《みなみあま》郡）の沖を通るころには、早くも同乗の女二人は船酔いに苦しみ口もきかず横になったままであるが、蔦子は歌など詠《よ》んで時をすごす。翌日は追風に乗って早くも門司上関《かみのせき》、広島をすぎ三原あたりへ進んだころから風がやみ、船はびくともしなくなり碇《いかり》をおろす。道中、金毘羅詣でのために船を多度津《たどつ》（香川県仲多度郡）に入れ、上陸して一夜の宿を探し、翌日金毘羅宮に詣で、酒を奉納して船旅の無事を祈願する。

播磨灘をすぎるころには、恐ろしい灘だというので酒を奉納して神に祈事《ねぎごと》（祈願）するが、その甲斐あって船は追風を受けて事なく進む。淡路島の風景は「筆もおよばず」と歌一首を詠むだけにとどめている。兵庫の湊に着き、船子に案内を頼んで生田神社に参詣する。ここには源平の戦で、梶原景季《かげすえ》が箙《えびら》（矢を入れて背負う具）に梅の枝を挿して奮戦した故事があり、能や人形浄瑠璃などに取り入れられ、画題にもされているので、多くの人びとの足を留める所である。蔦子も伝説にある境内の枯梅を見て一首詠じ、さらに歩を進め湊川神社の楠木正成《くすのきまさしげ》の墓に参詣し、湊川の戦いで足利直義に敗れ自害した正成をしのんで湊川あたりを逍遥し、

湊川水はかれても武士《もののふ》の　かぐはしき名は世に流れけり

と、後醍醐天皇の勅命を受けて兵を挙げた南北朝時代の武将をたたえる歌を詠んでいる。九日間の船旅を無事に終えた蔦子は、長男とともに、夫の墓参を済ませるが、

立ちよりてなにはの事を尋ねても　いはね苔むし言もかよはず

と、何を尋ねても返る言葉のない、苔むした夫の墓に万感をこめて手を合わせるしかない思いを綴っている（「此花《このはな》日記」）。

朝廷へ直訴の一人旅

常陸錫高野《すずこうや》村の黒沢ときは、安政六年（一八五九）の二月、老母を家に残し京都へ旅立つ。安政の大獄で永蟄居《ながのちっきょ》（閉門を命じたうえ、終身謹慎をさせること）の処罰を言い渡された前水戸藩主徳川斉昭《なりあき》の処分に憤慨したときは、幕府の失政と斉昭の無実を訴え放免を嘆願する長歌を朝廷に献上するために、五十四歳の身を省みず、白色の彗星《すいせい》を乱世のお告げと受け取り、天下の愁《うれい》を除かんとの意気込みで旅に出る決心をする。

幕府の検閲の目をさけ、わずかの蓄財と家財を担保にして借り入れた金を懐に女手形も持たず、しのび旅がはじまる。

笠間までは歌の門人たちが見送って来たが、そこで別れ初日の宿をとる。翌日、道中で旅人に下館まで行く男の子を依頼されるが、一人旅には好都合の道連れと喜んで引受ける。

下館の知人の家で宿を借り、雨で一日足をとられる。結城・小山をすぎたところで三日遅れて追いかけて来た神官の鯉淵某に、京都までの同行を告げられ力を増す。佐野の宿では合客の三人の男たちが一晩中政治の話をしていたが、知らぬ顔をし、翌朝、馬を雇って足利へ急ぐ。そこより歩いて桐生へ行き、かつてときが行商をしていたころたびたび泊った薗田屋という宿に泊る。翌日も馬を雇って太胡（勢多郡）まで行き、さらに歩行で八崎まで行く。冬の山道と男足の後につづくことに、さすがに疲れをおぼえたときは、先年訪れたことのある佐渡《さわたり》温泉（吾妻郡）で湯につかり、その先の知人の家に立寄り、そこで足休めするため鯉淵と別れる。その後、草津でも、かつてその家の孫に手習いなどを教えたことのある菊屋という家に三日ほど滞留し、ちょうどその親戚の者が善光寺あたりまで行くとのことで同行する。

草津をすぎ国境の渋峠七里の道（ほぼ三〇キロ）は、この旅の最も厳しい難所となった。一《メートル》以上も積もった雪の上を杖にすがって、全身汗をかきながら登る苦しさや、下を見れば千丈の谷、一歩踏みはずせば谷底へころがり落ちる危険も「邦君の御為《おんため》、おして天下国家の御為」と思い、凍りついた雪の山路を踏み越え打越え進む。やっと下りになるが、大蛇が住むという大池や丸池があり、その畔《ほとり》を雪に埋もれながら杖にすがって必死の思いで通りすぎる。雪やけで顔の痛みも加わり、足も疲れ果てたすえやっと渋温泉にたどり着く。

善光寺・戸隠参詣

翌日は、あまりの疲れのため歩行もできず、同行の案内人を先に立たせ、ときは一日湯に入って疲れをいやした後、善光寺へ向う。翌日はちょうど本尊の阿弥陀如来《あみだにょらい》の開帳で老若男女が「あたかも蟻《あり》の群がる」ように群衆をなす。宿で一緒になった老女に同行を頼まれ戸隠《とがくし》神社へ参詣する。「天下泰平国家安全、君の御武運長久の御為め、途中安全大業成就」の祈禱を頼み謹んで拝礼する。ふたたび善光寺へもどり、如来へ参詣し、善光寺詣での人びとと旅は道連れと途中まで語り合いながら歩き、その日は桑原宿で宿を探す。縁先を借りて一休みし、歌修業の旅と語ったことから「御修業なれば御泊りあれ」と一夜の宿を貸してくれる。その家の主《あるじ》が一二年間武者修業に出て、その間、三人の娘を養育した苦労話などをその家の女房に聞かされ、ときも若くして夫に死別し、行商や寺子屋の師匠などして二人の娘を育てたので、女房の苦労が手にとるようにわかり「何国の里も女同士(ママ)、世の浮き事」を語り合う。そこへ帰って来た主人なども加わって、長旅の苦しみや修業の物語などして終夜語り合う。翌日は主《あるじ》が羽織・股引《ももひき》に小刀をさして姥捨山《うばすてやま》へ案内するという。ときは先を急ぐ旅であったが、歌修業者が名所を見ずに行きすぎるのは本意に反するのではと疑われるのも心苦しく思い、一日姥捨山近辺の散策についやす。観音堂の側の寺の老女に歌を乞われ数首を与える。上田から来た観光客たちにも歌を所望され、短冊に書いて渡す。青木宿（小県郡《ちいさがた》）、浅間温泉（松本市）と宿を重ね、塩尻からは「婦人や法師通行の道」といわれる伊那街道の回り道へ入り、太平峠など山坂の長い道を通って妻籠橋場で宿をとる。この先は踊子親娘三人連れと旅をともにするが、踊子の父親が和漢の軍談話から当節の政治向きの話をし、その話の中で「水戸の御隠居様が御慎みでなければ江戸洛中は大変で御座ります」「アノ御方が御慎みでなければ今頃は戦さ最中、江戸の者は居所も御座りませぬ」と尊皇攘夷、海防強化で開国を阻止した斉昭の悪口をだらだら言い立てるのを聞いて、ときは心中怒りに怒り「井伊が謀計を以て、前様（斉昭）をあしざまに言広めて押込め奉りしに相違なし。逆賊非道の井伊掃部頭《かもんのかみ》、己《おの》れ其まゝ置べきか」とひそかに闘志を燃やし、一行と別れて京への道を急ぐ。この踊子の父親の話から、当時の江戸市民の心情がわかり興味深い一節である。

日本三関の一つである不破《ふわ》の関（岐阜県不破郡）を急ぎ通りすぎ、美濃路に入って十三峠を一人越え、関ヶ原で一夜の草枕を借りる。次の宿の守山では、宿改めが厳重なため、上州草津と出身を偽って宿帳に記載する。石山寺に参拝し、その日の宿を探したが、一人旅の宿泊はむずかしく、三井寺に立寄って連れを見つけて大津に泊ろうとしたが、良い連れも見当らず、とうとう夕暮れの雨の中を京都の烏丸《からすま》にある水戸常連の宿までたどり着く。

ほぼ五〇日間に及ぶときの旅日記「上京日記」には、一命をかけて「天下国家の御為」と自らを励ましながら、困難な旅をなしとげようとする強い意志と使命感が随所に表され、他の旅日記とは異質のものを感じさせられる。

強制された旅

自らの意思でないさまざまの旅

近世の女たちは、自ら望んでするのではなく、さまざまな事情によって余儀なく旅へ出なければならないことも多かった。中でも自分自身の奉公のために旅に出る機会も多かった。江戸に住む藩主の家族の詩歌の手ほどきなど、いわば家庭教師的役割のために国元より江戸へ呼び寄せられることもある。

讃岐丸亀の井上通女は、丸亀藩主京極高豊《たかとよ》の母養性院に召されて、二十二歳の時、江戸に下り「東海紀行」を著わしている。三十歳の時、養性院が世を去ったために職を辞して丸亀に帰るが、その折には「帰家日記」を綴っており、自分自身の任務の旅日記として代表的なものであろう。

辞任して帰国する時は、時間的、精神的余裕もあるため、道中の名所へ立寄ったり、知人を訪れたりして旅を楽しみ、旅日記も残している。

松平定信の奥女中であった庄内松山藩の家老屋代得右衛門の養母野川は、定信の隠居を機会に、自分も五十歳をすぎた老齢を理由に職を退き、松山へ帰郷するが、その折の旅日記「旅路の露」を綴っている。それには四一首の道中歌が記されてあり、自ら望んだ旅ではなくとも旅を楽しんでいる様子がうかがえる。

自分自身の任務のほかに、夫や子の任地への移住、あるいは国替えによる転地の旅もある。

自分の意思ではなく、周囲がお膳立てした結婚のために、住み慣れた土地を離れて遠い国の見知らぬ男のもとに嫁ぐための旅もある。

それでも、こうした旅はまだ道中の名所や風物を楽しむ余裕があるが、幕末・維新期の戊辰戦争に巻き込まれた女・子供たちが、落着く場所をさがして戦火に追われながら逃げまどう流浪の旅の中では、恐怖につつまれ、旅を楽しむ余裕などなく、一日でも多く生きのびるために、あらゆることに立向う戦いの旅となる。

任務の上京

鹿児島へ帰国した税所《さいしょ》敦子は、自分の娘徳子と姑・継娘二人に亡夫篤之の弟家族五人を合わせた一〇人ばかりの家族で一緒に暮らすなかで、自分の心に誓ったように気むずかしい姑によく仕えた。そのことを示すいくつかのエピソードがある。姑はある日、世間では自分のことを鬼婆と呼んでいるが、歌の道の上手と聞いている嫁女《よめじょ》に、嫁の苦しさをいつわりなく歌に詠《よ》んで見せよと、「鬼婆」という題を与えたところ、敦子はにっこりして、

仏にもまさる心と知らずして　鬼ばゝなりと人のいふらん

と、こともなく詠み、さすがの姑もそれからは敦子でなければ何事も気に入らないほど可愛がったという。敦子の才学に加えて正しい品行、操行の固さ、誠心誠意の孝行、人びとに対する慈愛の深い言動は、薩摩藩士で桂園《けいえん》派の歌人であった高崎正風《まさかぜ》や八田知紀《とものり》によって、いくつかのエピソードとともに語られている。そうした敦子の噂を耳にした藩主島津斉彬《なりあきら》は、六男哲丸が誕生するや、その守役に召し抱えた。しかし、不幸にして斉彬も哲丸もつづいて世を去り、敦子は後を追って自害しようとしたが「おやといふしがらみなくば涙川ありてうき身をなげましものを」と、後に残る姑のために思いとどまったという（屋代熊太郎編『税所敦子刀自』）。

文久三年（一八六三）、斉彬の後を継いだ藩主忠義《ただよし》の後見役久光（斉彬の弟）の養女貞姫《さだ》（加治木藩主島津久長の娘）が、公家近衛忠房《このえただふさ》に輿入《こしい》れする際、そのお付きの老女に選ばれて上京することになった。敦子三十九歳の時である。

八月に出発と触れが出たものの、一年前に久光一行が東海道の生麦村《なまむぎ》（横浜市）にさしかかった折、行列の前を馬に乗ったまま通過しようとしたイギリス人を、藩士が殺傷したため、その賠償問題が長引き、七月にはイギリス艦隊が鹿児島湾で砲撃するという薩英戦争などが起きるなどして、姫たちは山里深くに避難する騒ぎにまぎれ、出発が延期されていた。

十一月八日、多くの人びとに見送られて出発し、猪苗川、向田、阿久根、出水《いずみ》と出水筋を進む。行く先々で里の子供たちが、その地の舞いや歌を披露して貞姫の門出を祝う。十二日はいよいよ国境の米の津の関を越えて肥後熊本に入る。その日は一日中雨が降りつづき、雨にぬれる供人や駕籠《かご》かきの苦労を思って駕籠に乗ったままの敦子は心苦しく思う。

我君の千世の御影にかくろひて　しぐれも雪もしらぬ旅かな

いくつもの峠を越え、初雪の積った険しい山路を通り、日奈久《ひなく》温泉、八代《やつしろ》と薩摩街道をのぼって十六日に熊本に着く。ここより道を変え、豊後鶴崎（大分市）に向う。大津・久住と雪の降りしきる豊後街道を進み、二十一日に鶴崎へ到着する。翌日からは船旅が始まるので、人びとは髪を結い直し、お歯黒つけなどをする。二十六日に佐賀関《さがのせき》（大分県北海部《あまべ》郡）から黒龍丸という大きな船で出発する。周防灘の風が強く船は大揺れに揺れる。二十八日に播州室津（相生市）に上陸し、人びとは生きかえったような心持ちがして喜び合う。姫路では京都の薩摩屋敷から迎えの人びとが来ており、京都までの道中を、須磨・明石・生田・住吉と名所に立寄り物見参詣をしつつ十二月十一日に京都に到着し、錦小路の薩摩藩邸に入る。三十日余りの旅日記は、貞姫の行末を言祝《ことほ》ぎて「松のさかえ」と名付けられている。

松前藩を辞任帰郷

河内牧野村片野神社の社司岡田士聞の妻逸は、若いころ、右大臣花《か》山院常雅《ざんいんつねまさ》の娘敬子に仕え、敬子が松前藩主道広に輿《こし》入《い》れの際、供をして松前（北海道）に渡った。敬子は一子を生んだが夭逝《ようせい》し、敬子もつづいて世を去った。士聞妻は辞任を願い出て安永六年（一七七七）八月、七年勤めた松前を後にし京へ向う。松前へ向う時の賑やかさと異なり、女ばかり三人の旅である。八月九日、船で津軽半島の平館《たいらだて》に向う。十一日に青森で宿をとるが、ここは津軽第一の湊《みなと》で町の数も多く、町の長さは四キロもあり、漁民の家八〇〇軒、すべてを合わせると三〇〇〇軒あると、湊町の繁栄を記している。野辺地《のへじ》・七戸《しちのへ》・三戸《さんのへ》・沼宮内《ぬまくない》と宿をかりて、十六日に盛岡藩南部家の城下町盛岡へ到着する。あちこち見歩き「家居《いえい》のさま、都におとらず」と城下町の繁栄ぶりに目を見はる。花巻・前沢・一関・仙台に宿をかり、名取川を渡って黒沢、白石と宿りを重ね、二十六日に福島へ着く。ここで同行の者が病気になり、八日間滞在することになる。九月五日にやっと旅立ちする。本宮《もとみや》・矢吹・白河に宿り、白河の関で旅の心細さを歌に詠む。

秋風ぞ今宵《こよい》身にしむあすの夜の　やどりやいづこしらかはの関

九日は菊の節句とあって、旅ながら衣服を着替えて宿を出る。白坂の里をすぎると、まもなく下野国《しもつけのくに》となり、西行《さいぎょう》法師ゆかりの「道のべの清水」というところを里の男の子に尋ねるが知らないと答えられ「清水流るゝかげだにも見ず」と口ずさみながら先を急ぐ。鍋掛、佐久山と宿をとるが、喜連川《きつれがわ》の水が増し川留めに遭って一日空しく同じ所に留る。翌日、水が引いたが橋が落ち、歩いて渡る。氏家に宿をかり、翌日は小山・野木の里をすぎ、下総国《しもふさのくに》に入って古河《こが》に泊る。中田の里をすぎて利根川を船で渡る。栗橋の関所を越え、幸手《さって》・杉戸《すぎと》をすぎて越谷《こしがや》に宿をかりる。翌十五日、千住《せんじゅ》で宿を借り、湯に入って髪を整え、迎えの人とともに江戸松前藩邸に入る。松前を出発してほぼ三十五日程の長旅である。

半月程江戸ですごし、十月三日には江戸を発ち故郷の京都へ向う。東海道を上り、松明《たいまつ》の火を頼りに箱根の坂を登る。「かゝる山路を、女の夜をしのぎてかく行くこと、誠にこの御代《みよ》のかしこさを思ふ」と、夜の道も女ばかりで通ることができる平和な世に感謝の思いを述べている。道中三保の松原あたりの風景に、旅の憂《う》さも忘れ、歌を詠みながら通りすぎる。江戸を出て一八日の旅を終えて京都へ帰り着く。

「奥の荒海」と題するこの旅日記は実に一六〇〇キロに及ぶ長旅の記録である。その全行程が三人の女ばかりの旅であったにもかかわらず、幾多の自然の災いには遭遇しても、人災に遭わずに旅を終えたことに、幕藩体制下の行き届いた行政機構を感じさせられる。

東海道転勤族の旅

堺奉行土屋廉直の妻斐子《あやこ》は夫が赴任するに際して、文化三年（一八〇六）、泉州堺へ旅立つ。

四月四日江戸を出発し、東海道を上る。箱根の関で女改《おんなあらた》めを受け、峠で宿泊する。府中（静岡市）では代官はじめ人びとより送り物が届く。ここは古代律令時代に国司の役所が置かれた所で、家康の大御所時代の居住地でもあって、豊かな土地であり、斐子の心をとらえる。

うるはしき国のさまにて、土の色より始め、木立家居つき〴〵しう、青麦はかすめるまでに植渡しつゝ、昨日の雨に所得《ところえ》たる民共うちつどひ、あら田うつさま、こと所には似ず、いと清げなり。千町田《ちまちだ》に鳴く蛙《かわず》の声かしがましう、はたものゝをさ打音しげし。彼《かの》箱根なる山田かへせし者と、顔のうるはしき声のつやある、なべてなずらふべきにあらず。

土の色、立並ぶ家々の有り様、広い田で声高くうるさいほどに鳴く蛙、他の国では見られない豊かな土地の村人は、箱根の狭い土地を耕す村人に比べようもないほどいい顔をしており声まで艶《つや》やかであると褒めたてている。つづいて安倍川を渡るが、風も静かで人びとは楽しみながら歩いて渡る。斐子は向いの岸で輿《こし》の中から、その風景を眺めて楽しむ。この川渡しの賑やかさは、他の街道の比ではないと、斐子は府中のあらゆるものを興味深く感じ取っている。横倉という海辺の村で、童たちが赤や白の海草を売っており、海草のように粗末な着物を着ていたので、いたわしく思い「あれ多く求めよ」と従者に言いつけると「かゝる物を何にか」と聞き入れられず、従者を憎々しく思うなどする。斐子は、行く先々で貧しい庶民の生活《なりわい》に暖かいまなざしを向け、「民の煩《わずら》ひ、いかにぞとおしはかられて、心づかひのみせらるゝ」と心を痛めている。

金谷では、恐ろしい箱根の山越えを終え、大井川を無事に越したので「山祝い」「水祝い」として、斐子は従者たちにお金を与え、江戸へも便りを出す。こうした習慣は、御用道中に限らず、普通の旅人の間でも行われていたという（岸井良衛『東海道五十三次』）。

夫の任地堺へ

佐夜の中山では、斐子はかつて少女のころも険しい山越えをした経験があったが、それから二〇年の年月を経て四十歳近くになってふたたび通ることにつけても、来し方行末のことや、父や夫に従って生きる女の道の憂さに感慨無《かんがいむ》量《りょう》となる。新居《あらい》の海（浜名湖）を渡り、女の作法として関所改めを受ける。赤坂では、遊女たちが朝立ちの人びとに名残りを惜しんで、三味線や笛に合わせて歌いながら見送るのを斐子は「艶なるあけぼののなり」と複雑な思いで眺めている。近くの浄土宗法蔵寺に立寄り、家康の数々の遺品を見てまわり、斐子は世を救うために長い年月あれこれ苦しんだ家康の心情を思って涙を流し、人びとにうながされて、かえり見がちに心を残しながら立去る。

池鯉鮒《ちりふ》（愛知県知立市）の近くには、在原業平《ありわらのなりひら》が「唐衣《からころも》きつゝなれにしつましあれば、はるぐ〵きぬる旅をしぞ思ふ」と詠じた八ッ橋の古跡があるので、斐子はそこへ立寄りたく思うが、「あはれなるをも思ひやらず、みやびなる心も無」く飲み食いばかりに関心のある従者たちに反対され、ひどく腹立しく思い「女はかくばかりの事さへに心に任せぬを、仏を念じつゝ、いとせめて後の身は、男子にあらばや」とせめてあの世では男子でありたいと仏に念じながら通りすぎる。

鳴海の先の井戸田村は、妻子の先祖太政大臣藤原師長《もろなが》が平清盛のために流された土地で、熱田神宮に参拝して常に月をながめ琵琶を弾いて心を慰めたということで、妻子はひとしお感慨をこめて参拝する。宮よりは、尾張藩主からまわされた、太鼓《たいこ》に合わせて船頭たちが賑やかに歌う大船で船出したが、途中風向きが悪くなり、小船に乗り替えるなどの騒ぎをしながらも桑名へ無事到着する。桑名、亀山で宿をとり、関の地蔵をすぎるといよいよ三関の一つ鈴鹿の関を越える険しい山路に入るが、鈴鹿川が幾重にも分かれて流れる八十瀬川や筆捨山の景色を「山水第一の勝景」と、海の眺めばかりを好んでいた妻子は山川の美しさにも心打たれる。水口《みずくち》、大津と宿をとるが、近江八景もゆっくり見物することなく、京の都へも立寄らず、伏見から船で淀川を下り大坂天満橋の岸に着く。それより女たち一行だけ先発ちして和泉路を進み、住吉神社に参詣して堺の役所の家にたどり着く。これからの住居となる役所の横の小門を入ると、人気もなく、荒れ果てた庭に古家が建っているのみである。

迎ふる人も絶えて無し。只《ただ》こたふるものは松吹く風に、聞き知らぬおそろしき鳥の声のみいらへたる、ふくろふ松桂の枝に啼《な》くとうち歎《なげ》かれつゝ、独階前《ひとりかいぜん》に立ちて見てあれば、家二百《ふたもも》まりを経たるらむ、欄門《らんもん》破れて横たはり、蔀《しとみ》やり戸皆朽《く》ちたり。人跡《じんせき》絶えて苔深く、老松青蘿《せいら》（青く茂ったツタ）をまとひ、漫草尺《まんそうしやく》にあまれば、残鶯囀《ざんおうさえず》りて人にこたふ。

江戸の屋敷に比べようもない朽ちた家の前で茫然としてたたずむ斐子の姿が目に浮かぶ。

板間もる月をこの世の友として　猶《なお》行末のうきをかたらむ

「学者ゆゑ、少々尻にしきたる」「夫婦中むつまじからぬ」と、世間から陰口をたたかれた斐子なればこそ、苔深いひなびた家でも月を相手にますます詩歌の道に勤《いそ》しみ、憂さを晴らしてすごしたのであろう。

時には漢詩も交る斐子の〝女の綴る東海道〟ともいうべき「旅の命毛《いのちげ》（筆の穂先）」は、東海道の宿場や道中の風景が活々とした、流暢な名文で綴られている。庶民の働く姿に思いわび、道々の古跡に哀感を抱き、神社仏閣の前では神となり仏となった人びとの生前の生き方に思いむせび、叙情・叙景豊かな旅日記である。また、夫の任務に引きずられて生きていく女の憂さも、道中折にふれて、書きしるされている。

お国替え珍騒動

弘化二年（一八四五）十一月、出羽国山形藩六万石秋元家は、上野国館林へ転封の命を受ける。八〇年振りの所替えで、所替えを経験した者は家中にもほとんどいず、上を下へと大騒ぎとなる。貸借のある者たちの争い、町家から嫁を貰った家での離婚話、早くも欠落（かけ落ち）する者、夫婦喧嘩《げんか》、親子別れの嘆きなど、狂気のようになって騒ぎたて、千差万別に人びとの心は乱れる。商人たちは、この時とばかりにもうけごとを考える。他国まで行って道中用の駕籠《かご》を買ってくる者、運べない家財道具を買い取りにくる者、桶《おけ》やすりばちまで買い取っては高い値を付けて売ろうとする者、しかし売る方も負けてはならじと力んでみるが、「やたけ心も口よわく」、商人の口にはかなわず、「高き物をば安くうり、安い物をば高くかふ武士のならひぞぜひなけれ」と、藩士たちは結局、安く手離してしまう。

藩士勝手掛百五十石の山田喜太夫の家でも旅の準備が始まる。年があけ、春がくると準備は本格化する。妻音羽子《とわこ》ら女たちは、昼はあれこれ旅仕度《たびじたく》、夜ははっぴなど上着の縫い物に追われる。長い付き合いのある親しい人びとに置みやげなど考えて夜も寝られない。あちこちから送別の宴《うたげ》の声もかかる。

五月に入ると一番立ちが出発しはじめる。親しく付き合っていた商家大坂屋の招待で、

山田音羽子「道中記」〝喜太夫茶の間の図〟　飼犬ちん子との別れ

山田音羽子「道中記」〝白川入口橋の図〟

近くの名所千歳山で送別会が行われ、山田家一家はこぞって出かける。むしろを敷き、酒やさかなが広げられ、飲めや歌えの宴たけなわとなる。またの日、菩提寺に挨拶に行き、先祖や幼くして世を去った子や孫の墓参りをし、今生《こんじょう》の別れをする。家を出る日が近づくと、庭の木や草へも語りかけ別れを惜しむ。

閏《うるう》五月一日、いよいよ住みなれた家を出ることになる。音羽子は、飼犬のちん子に向い、行く先の館林が狐を大事にする所だから犬は連れて行けないので、後の主人（農家で飼われることになる）によくつかえ愛されよ、下駄など引いて憎まれるな、盗みなどしてたたかれるなと、やさしく言いさとし、それまでよく仕えてくれたことへの礼を述べ、涙ながらの別れをする。一歩外へ出た音羽子は、また家の中へもどり、貧乏神に向って、

　住《すみ》ふりし宿はかたみに参らせん　千代まで居ませ跡なしたひそ

と、形見にこの貧乏家をあげますので、いつまでもここに住み、後についてこないでくださいよと言い残す。すかさず貧乏神は、

　なさけなくうち振捨《すて》て行く君の　またの御宿《みやど》も我《わが》うからなり

と、やりかえす。私をつれなくふり捨てて行っても館林の家にも私の親族の貧乏神が住んでいますよと、からかわれる。音羽子は、一人芝居をして狂歌を楽しむ心豊かな五十二歳

の主婦である。

表町通りには、新しく入封する水野家の宿札がかかげられ、重臣たちの家紋入りの幕が張りめぐらされる。裏町が秋元家の仮宿となり、山田家は河内屋が一時の仮宿となる。丸に三ツ柏の幕が打たれ、さながら戦場のようである。夜は町の角々《かどかど》に、長い竿の先に高張《たかはり》提灯《ちょうちん》をかかげ、火をたき、夜中拍子木を打ちならし、大へんな賑わいとなる。

河内屋では、丁重な出迎えをし、広い二階付きの裏の蔵座敷へ案内して、いろいろもてなす。大坂屋も酒やさかななど持って挨拶に来る。出入りの者たちも餞別《せんべつ》など持参して暇《いとま》乞《ご》いに来る。

五日に城受渡しの江戸からの御上使が到着する。朝から煙をとめ、家の角に砂盛りし、家の内はひっそりして、家の主のみ箒《ほうき》を持って門に出て平伏する。六日は城内見分で、両家の役人が立会う。喜太夫も雨の中を長合羽に立弓《たてゆみ》・鉄砲を持って出かける。七日はいよいよ御城渡しの御上使が入城する。両家の役人たちが、勇ましく美しく立並び行列して待ち受ける中、御城渡しの行事は無事終り、家中一統安堵《あんど》する。

音羽子の綴る「道中記」には、こうした国替えの裏騒動が丹念に記され、表の政治向きの行事ばかり記されている公文書ではとうてい知ることのできない人間味あふれた生活が、新鮮なユーモラスな筆で描かれていて興味をそそられる。

山形より館林までの道中絵巻

山田家は十八日の八番立ちと決ったが、折から水野家が持込んだと思われる〝水野風邪《かぜ》〟なるものにかかったので、息子夫婦とその子供三人が先に出発し、音羽子夫婦と末子十一郎は、二十三日の長持守護として発《た》つことになる。

二十三日、河内屋、大坂屋や近所の人びとへ深い情を感謝して、山形を後にする。上山《かみのやま》温泉の亀屋で昼の休みをとる。途中、上関根あたりまでは紅花《べにばな》が花盛りである。楢下《ならげ》で最初の宿をかりる。夕飯に名残りといって酒など出してもてなしてくれる。金山では、宿の主人が裃《かみしも》で出迎え、酒やさかななどを出し、高坏《たかつき》にゆでたえんどう豆、しるこ餅に白砂糖をたくさんかけたものや金山葛《くず》などを出してもてなす。金山峠を越え、七ケ宿《しちがしゅく》（宮城県刈田郡）の滑津《なめづ》の茶屋で昼の休みをしたが、何もないと言って手塩皿に梅づけを二つ出してくれた。仕方なく河内屋や大坂屋が用意してくれた生姜《しょうが》味噌に漬物などを取り出して食べる。二十四日は渡瀬の宿に泊る。この日、音羽子は道中いねむりをしている間に、駕籠の中に入ってきたあぶに額をさされ、腫《は》れ上って三日ほど大いに苦しむ。翌日は新峠にかかるが、材木を立て並べたような直立した材木岩が見事な奇景をなす。下戸沢、上戸沢をすぎる折、銀を精錬する煙や硫黄《いおう》のようなにおいに悩まされる。小坂峠を越え小坂宿で昼休みをする。桑折《こおり》（福島県伊達郡）で、氷を売り歩いていたので買い求め、暑さをしのぐ。その夜は瀬の上のしし戸屋が宿となるが、その宿は部屋数も多く遊女も一〇人ばかりも居た。音羽子は前日山合いを通った折、捕えてもらった兎を孫たちのみやげにしようと持って来て、ここの亭主に貸してもらった籠に入れていたが、いつの間にかいなくなってしまった。

二十六日は福島の城下をすぎ、二本松で宿泊する。翌日、城下を通ると犬狩りをしているので尋ねると、城主が犬を嫌うからだと聞いて音羽子はふびんに思う。杉田薬師を訪れると、乞食が一〇人ばかり煮焼きしていた。郡山で昼休みをするが、ここでも氷を売っている。笹川あたりにやって来たころより雷雨となり、雷の嫌いな音羽子は生きた心地がせず近くの茶屋に立寄り、雨戸を立ててもらい、線香をたて、のどや口がひっつくほど経を唱えつづける。須賀川まで線香を手に持って、何度もつけかえてやっとたどり着く。ここでその夜の泊りとなるが、道中の半分ほど来たので〝半途の祝儀〟をまわりの者へ出す。翌日は白坂の本陣に泊る。調度や庭の造りも立派である。飯盛女が二人いたが、立って膳をするなど行儀が悪い。翌日昼休みをした芦野の丸屋にも遊女が二人いた。そのうちの一人は山形出身の者で、大坂屋の女主人を知っているということで話がはずむ。この日は途中で、山形へ向う水野家一行とすれ違う。弱り切って歩いている者もおり、立派な紋入りの駕籠も多く通る。その夜の宿越堀（栃木県黒磯市）の本陣にも不景気な飯盛女が二人いた。

六月一日、那珂《なか》川の川渡し船は二艘しかなくて、長持ちや駕籠などを渡すのにたいそう時間がかかった。鍋掛を通りすぎ、その日は喜連川の本陣が宿となる。

この本陣で十歳ばかりの娘が給仕に出たので、音羽子は菓子などを与える。翌日、宇都宮大明神に参詣する。町には活気があふれ、店が立並びたいそう賑やかで江戸絵のようだと音羽子は感嘆している。その日は宇都宮に宿泊し、翌日は雀の宮が宿であるが、ここでも遊女が二人で給仕をする。翌日は小山をすぎ古河泊りとなる。

四日、城の堀に白蓮花の美しく咲いているのを眺めながら通りすぎる。いよいよ館林の城下に入り、先発《た》ちした家族や親類の者たちに出迎えられ、旅の無事を喜び合う。

歌や狂歌を含む音羽子の綴った「道中記」には七〇枚近くの墨絵が描かれてある。道中の風景はもとより、笠や杖を持った女たち、宿屋の飯盛女たちのしなやかな姿、温泉にひたる男女、宿屋の調度品や庭の造り、川渡しや城下の有り様など、雄大な自然と細やかな人間の姿態、髪形や身にまとっている着物や帯の模様などは、民俗誌、風俗誌ともなっており、女の旅日記の圧巻である。

唐丸籠の旅

江戸時代には罪人を円筒形の竹籠に入れ、役人らが付き添って押送することを唐丸《とうまる》送りといった。

前に述べた黒沢ときは、朝廷直訴の長歌を公卿の手をへて天皇へ献上することを知人に依頼し終えて、ひと安堵《あんど》し、大坂の知人の所で俳諧師を呼んで当座などして楽しい時をすごしていた。安政六年（一八五九）四月一日、知人の老母と銭湯に行って、帰って来たところで「京より御頼みにて御尋ねの筋あり」と、同心二人に呼びとめられ縄をかけられた。その後、罪人として大坂役所や京都役所の白洲《しらす》で厳しい取調べを受けることになる。吟味役人は、有栖川《ありすがわ》家出身の斉昭夫人吉子の密偵であろうとか、連れの者の名を言えとか、長歌に掛詞《かけことば》があるのではないかと、くりかえしくりかえし同じことを尋ねてときを責めあげた。何度責め立てられてもときは天下国家の御為に自分一人の意志で行ったことであると主張しつづけた。四〇日以上の取調べがつづいたのち、江戸町奉行・寺社奉行・勘定奉行の合吟味になることが言い渡され、唐丸籠《とうまるかご》に乗せられ、厳重な警固のもとに江戸へ送られた。

五十三次の宿々、町役人残らず押へ棒つき赤穂手先二行に連り、はだかの雲助在々所々より人足の下座ふれにて、あたかも大名の往来の如し、問屋場の前は駕籠を着けず、肩を入替〱飛ぶが如くに急ぎける。泊りは乗かけにて先ぶれして七つに着宿でも唐丸籠のまま座敷に持ち込まれ、唐丸籠に寝ずの番人が六人ずつ付けられた。城下を通過する際には家老をはじめ家中の者どもが大勢で出迎える。商人や旅人は道を横切ることなく、おびただしい見物人が出て来て軒下に平伏する。

こうした物々しい道中、ときは持病に苦しむが、小使いについた千蔵という老人や役人たちが親切に世話をしてくれ、東海道一三日間の唐丸籠に入れられたままの旅を終える。

このののち、ときは、浅草の溜牢に入れられ、女三人の見張がつけられる。六月に入って呼び出しを受け、三奉行、諸大名の居並ぶ前で寺社奉行松平伯耆守《ほうきのかみ》から直接吟味を受けるが、「我れ賤《いや》しくも王の民と存じ」「一天万乗（天皇）の君の御一大事」と考えての行動であることを述べた。しばらく瞑目《めいもく》ののち、伯耆守は「およそ人たる者、朝廷を御大事に存じない者は一人もないは」と、感涙を押えながら後の障子を明けて引込んでしまい、居並ぶ諸大名たちも言葉もなく、黙然として聞いているだけであった。

溜牢での生活は、ときが二ヵ月あまりもの大病のため長引き、九死に一生を得て回復した後は伝馬町の揚《あが》り屋《や》へ移された。十一月中旬になって、吉田松陰ら一〇人とともに呼び出され、仮牢に入れられ、夜に入って灯のもとでふたたび献上長歌に対する訊問を受けた後、伝馬町の牢へ帰された。

十月二十七日、ときは中追放の刑となり、江戸十里四方、日本橋から五里四方以内、および京を含む山城国、故郷常陸国への立入禁止を命じられ、捕われの生活七ヵ月で出牢の身となった。同じ日、ときは吉田松陰の死罪の宣告を牢中で高らかに読みあげる役人の声を聞く。ときは迎えの者に見守られて故郷錫高野《すずこうや》へ向い、三日の旅の後、下野茂木村に立ち寄り、そこで三日間過ごした後、十一月六日密かに郷里入りした。

捕われの身となって七ヵ月あまりの異郷での生活を、ときは「捕われの文」としてまとめているが、これもまた異質の旅日記といえよう。

嫁入道中

会津藩家老保科正興の娘として生まれた藤木いちは、父正興が失脚して、阿賀野川にへだてられた小川庄水沢（新潟県東蒲原郡）へ流罪となったため、母の実家である京都上賀茂社の祠官藤木家で母とともに暮らすことになる。いちが十四歳のとき、縁あって筑後久留米藩の家老岸家の長男のもとに嫁入りするが、その花嫁道中記ともいえる一冊の旅日記を残している。

昔の人の跡まねぶにはあらねど、何となく旅路の憂さのなぐさみに書つづけたるなるべし。

で始まる旅日記は、祖父や母と別れ、住みなれた都を離れ遠く異郷の地へ旅立った少女の、都を恋しく思い、行く先を不安に思う気持がみなぎっている。

元禄十三年（一七〇〇）の年の暮れ、花嫁行列は伏見まで夜道を松明《たいまつ》をともして進み、夜船で難波へ向う。川口で、見送ってきた下女たちと別れる。鳴尾・西の宮・和田の御崎・須磨・明石と、瀬戸内海の景勝地を船はすぎ行き、都より遠くなるにつれ、いちの都を恋しく思う気持はさらに強まる。

ふるさとにかくとは告げよ日をへつつ　とほくなる尾の浦の潮風

明石の浦の景色は筆では表わすことができず、淡路島などの眺めも都で想像していたよりも千倍もまさっていると感激する。

年の暮れの二十九日、上の関で船を停泊する予定であったが、室積（山口県光市）で船どめする。沖には笠戸島など小さな島が浮かび、陸には常盤木《ときわぎ》が茂り、そこに建つ寺には普賢菩薩《ふげんぼさつ》が安置されている。いちはこの所を「おもしろき浜辺にぞある」と大そう気に入る。大晦日《おおみそか》は風向きが悪く船も出ず、ここで年を越す。船頭たちは船霊祭《ふなだままつり》をするといって新酒をささげ、船の後先《あとさき》に松を立て、守護神を船中に祭るのをいちは興味深く眺める。風がなく、室積湾の海面は鏡を磨いたように豊かな趣で、海辺の松なども霞がかかり見所が多いが、結局、毎日風のない日がつづいて、この港で一〇日間も船止めの日を空しくすごすことになる。

十日にやっと豊前小倉に着き、ここには、いちの仮親となる久留米藩家老の有馬家から迎えの者が待っていた。ここよりはその案内で陸路の旅が始まる。木屋瀬《こやせ》（福岡県鞍手郡）、山家《やまえ》（筑紫野市）に宿泊するが、途中、いちは珍しい風景に目をとめている。

石坂といふ所は、いとはかなげなる賤《しず》が屋の、煙のいたう香のわろきをいかにと問へば、此あたりには、木などたくことはなくて、朝夕のけぶりにも石をなんたき侍れば、かく侍る也と答ふ。かゝる所に住て何の心かあらん、と思へど住なれたるは、憂《う》くとも思はぬなるべし。

そのころ、すでに匂いの強い石炭を朝夕の炊事に使用していた筑豊の庶民に、少女らしい率直な同情を寄せている。松崎で宿をとり、形ばかりに養家にいったん入って、その日のうちに婚家岸家へ向う。十四、五歳の少女の綴った二五日間の旅日記は、嫁入り道中記とみられる旅日記の例が少なく、また少女の旅日記という点からも注目される。この日記には現在のところ四冊の写本が見つかり、その後書きもさまざまで、作品が写本として残されていく経路も考察できる。また後書きの中から、少女いちのドラマティックな人生を探ることができ、小さな一つの作品の裏に隠された歴史の広がりを知ることもできた興味深い貴重な旅日記である。

戊辰戦争の中の逃避の旅

慶応三年（一八六七）十月、十五代将軍徳川慶喜《よしのぶ》は、政権を天皇に返す、いわゆる大政奉還の上意文を朝廷に提出し、十二月九日、王政復古の大号令が出された。翌正月三日、京都で幕府軍と薩摩・長州軍との間で衝突があり、鳥羽・伏見戦争が始った。以後明治二年（一八六九）五月、箱館戦争が終るまでの一年半にわたってくり広げられた戊辰戦争の中で、多くの人びとが命を落とした。朝廷をとり込んだ薩長討幕派が主流を占める新政府は、朝敵の処分を行った。将軍慶喜をはじめ、鳥羽・伏見戦争で新政府軍（官軍）に対して発砲した会津・桑名藩をはじめとして敵対の意志を見せたと思われる藩の処分を発表した。関西以西の諸藩はいちはやく恭順の意を示し新政府側につき、江戸や東国を鎮圧するための東征軍が組織されるや、それに次々と加わった。

四月十一日、江戸城が開城となった。何度か提出された会津藩の降服謝罪の嘆願書は却下され、東北各藩は仙台藩を中心に「奥羽列藩同盟」を成立させ、新政府軍に対峙《たいじ》した。長岡、新潟、二本松と落城し、新政府軍の激しい攻撃で九月二十二日には会津が一ヵ月の籠城のあと開城した。

この間、女子供たちは、戦いの意図も意義もわからないまま男たちの大義名分をかざした戦いの中にまき込まれ、戦火の中を逃げまどい、住む場所を探してあてどなくさまよわねばならなかった。見も知らぬ旅の空の下ですごした恐しい日々の体験の回想記が幾人もの女たちによって書き残されている。

新政府軍側にまわったため、奥羽列藩同盟軍に攻められた横手城下から、戦死した夫の首を風呂敷に包み抱えて埋葬の場所を探しながら近隣の村々をさまよう様子を書いた沼田香雪の「後凋園《こうちょうえん》徒然草」、八歳であった会津藩士の娘鈴木光子の回想記、少女であった日向ユキの「万年青《おもと》」、会津藩士の妻たちが残した日向リンの回想メモ、手代木喜与子の「松の落ち葉」、竹田たけの「懐旧談」、川島りさの「今昔思ひ出し記」、高橋龍田の自伝、長谷川みと子の「幼児をつれて会津戦争を逃れし当時」。このほか談話はあちこちから拾いあげることができる。

長岡藩士妻子の逃避行

五月十日ごろより、越後長岡城下にも鉄砲の音が響き渡るようになった。藩士小金井家では妻の幸子《ゆきこ》が、十二歳、九歳、五歳の男子と二歳の女子を連れ、知人のいる村をさして家を後にする。新政府軍の検閲が厳しく、知人の家にも長く居られず、男子は髪を剃って田舎の子に似せ、山深い畑の小屋をたよりに逃げのびる。小屋の前の小川で米をすすぎ、野の草を摘んで食事をする。向いの峠には政府軍が毎夜かがり火を燃すのが見え危険となる。他の知人を頼るが、そこも安全な場所ではなく、会津をさして落ち行くほかはないと覚悟し、二歳の女子を最初に世話になった農家に預けるため、村の男を雇って届けさす。

別れ行くものともしらず幼な子が　乳房含みてゑむぞ悲しき

何も知らない子は、知らない男の背でにっこり笑って去って行く。それよりは母子四人で、起伏が厳しく一里が一〇里にも相当することから名がつけられた八十里越えを、何度もころびながら登って行く。頂上には関所があり、役人は幸子のことを「女の大小さした る」と記録した。関所には救助小屋が置かれてあり、幸子は近くの沼で子どもたちの衣類を洗い、たき火で乾かす。会津の村々で何日かすごし会津の城下へ向うが、その日会津は新政府軍に占領され城下へ行けないことがわかり米沢をさして逃げることにする。険しい檜原峠を越えるのに、わらじは底がなくなり、裸足で血まみれになりながら歩く。米沢も行くべき土地ではないことを知り、仙台に向う。

落人に映った松島の絶景

苦労の末、仙台へたどり着くが、諸国から落人が集まっていて大変な騒ぎである。ここで奇しくも藩主を守護して来ていた夫にめぐり合う。つかの間の逢瀬で、幸子たちはさらに歩を重ね松島へ向う。

波しづかにて、水の面鏡の如く、むら立る松のみどりの色うるはしくかげうつりたる。はるか沖に金華山、ゐにかきたらむ様に、青々と見ゆるなど、むかし芭蕉翁のよこぎりし折、一句をもよまれざりしもうべなりけり。

思ひきや見むとて待し松島を　かかる旅路にとはんものとは

長岡にいるころは外に出る機会もなく、男の子たちも新潟の海さえ知らずにすごし、こんな折りに三景の一つ松島を見るとはと、衣食住に不自由する身でありながら、松島の風景を眺めながら、絶景のあまり一句も読まなかった芭蕉を思い出す風雅な心を失わない幸子である。漁師の家に宿をかるなどしているうちにそれより一〇〇キロも離れた江刺郡大原（岩手県江刺市）へ行かされることになる。日を重ねてその村に着き、山の中の古寺に三〇〇人ほどの落人が集まって生活し、八枚の畳に三〇人が寝るという有り様であった。

その年やっと和解が成立し、年の暮れに幸子たちは長岡の家へ帰った。

物質的にも精神的にも人間極限の日々を強いられた幸子たちは、武士階級という特権階級の肩書きを捨て、一人の人間として生きることをはじめて経験し、階級を越え、国を越えた人びとの情を知ったのである。

「うまごどもよ、いでそのすびつのもとにつどひ給へ」と孫たちに向って語られた戊辰戦争の思い出話は、幸子の長男の嫁で森鷗外の妹である明治の女流文学者小金井喜美子によって聞き書きされたものである。すさまじい体験談はその流暢な美しい文章とともに、読む人の心を引きつけずにはおかない（「戊辰のむかしがたり」）。

会津戦争後の流浪生活

明治元年（一八六八）八月二十三日、会津城下は朝から火事の早鐘が鳴り響き、雨の中を逃げまどう人びとで大混乱となる。藩士の姉みつ（三十九歳）は、鉄砲の玉をくぐり抜けながら荷物をまとめ、三の丸より城内に入る。大奥女中頭瀬山らの指図で、女たちは傷病人の看護や炊事方・鉄砲玉造りをする。みつの妹で赤羽家に嫁していたきよが城中で女子を出産し、明るいニュースとなる。城外ではその日、政府軍の侵入を前に藩士の多くの女子供たちが屋敷に火を放ち、自ら命を絶つという惨事が起きた。

一ヵ月間の籠城の末、九月二十二日に開城となり、藩主松平容保《かたもり》とその義姉照姫は城外の妙国寺へ移り謹慎する。男たちは猪苗代や塩川へ移され新政府軍の監視下に置かれた。女たちはそれぞれ近くの村々へ割り付けになった。

　みつの家族六人（一歳の清吉と女五人）は親戚の者と一緒に御山村の庄屋の家に割り付けになり、そこへ向う。その家で妹ゆふが息を引きとる。その後、井出村の石山忠右衛門方への移住を申渡され、石山忠右衛門の座敷を借りて住むこととなる。次々と病人が生じ、乳児は母親の病気で乳不足となり、あま酒と水あめを工夫して育てる。そのうち村々でヤアヤア一揆と呼ばれる百姓一揆が発生する。農民たちが庄屋へ押し寄せ、土蔵より諸道具を出して庭で焼いたり、屋敷の柱をけずり、戸や障子に火をつけ火事同然となり、近隣の村々をもおびやかす。みつたちの仮住居の隣村でも百姓一揆が起き、おびやかされる。女たちには危害を加えないとのことであったが、外出は禁止された。

　明治二年（一八六九）六月、松平容保の謹慎生活はつづいていたが、嫡子容大《かたはる》が誕生し、十一月に容大に家名取立・家督相続が許可され、新封土として下北半島の斗南《となみ》（青森県むつ市）三万石が与えられた。そして翌年四月から藩士たちの移住が始った。

　みつ一家は十月十一日陸路で斗南へ向った。猪苗代、二本松、福島、盛岡と泊り重ね、沼宮内（岩手郡岩手町）から一戸《いちのへ》の山道は雨も降り、足にまめまでできて歩行大いに困ったとみつは記す。どの道も女や老人がほとんどのみつたちの一行では、駕籠《かご》を手に入れるのに、苦労している。

三戸大向村の谷という家に割り付けとなり、ここでの生活が始まる。市の日にはわらびの粉を餅のようにした砂糖ときな粉つきの、不作の時の代用品となるわらび餅を珍しがって買い求める。水場がなく一町も先の地蔵清水まで汲みに行かねばならず、何かと不自由なので、役所へ申し出て沖田面《おきたおもて》村の石井という家へ引移る。冬場のみ、糸引きして賃稼ぎをするが、夏は仕事がなくて難儀をする。言葉も異なり、着る物から化粧の仕方まで違っていて、「見なれぬうちはまことにをかしく」、食べ物も大根など手に入れたくとも土地の人が買うので手に入らず、安値の大豆や小豆ばかり食べていたので、土地の人に「会津のまめくひ」と悪口を言われるなどして「南部へ参り不都合には当惑致候」とみつは嘆く。

十五日は女の年取とてにぎ〳〵しく、元日同様廿一日迄廿二日に遊び上、先の八日と同様、手の上に餅をからすにくれ家毎に男共外に出、にぎ〳〵（しき）事に候と、所の風習などにも興味を持って書き記している。

明治六年（一八七三）になって、それまで新政府から支給されていた一人黒米四合（後に二合五勺にさがる）、代二百文は廃止され、会津へ帰りたい者は申し出るよう、達しが出た。みつ一家は皆で相談した結果、当家の後継ぎ清吉の教育なども考えて会津へ帰ることを申し出た。その土地を去るまでの間、みつら女たちは遠くの村まで卵を仕入れに行き、それを売り歩いて生計をたてた。

　翌年四月十九日に一家は知り合いの一行とともに出発し、母親と七歳の清吉が一頭の馬に乗り、他の女たちは歩行で旅をつづけた。沼宮内、盛岡で宿泊し、ここの宿で一緒になった会津へ帰る人びとと一緒に、北上川を船で下り、水沢、一ノ関で泊り宿をとり、石巻で船をおりた。町中を見物して「南部とちがへ人の風俗よし、ぢやこうのにほひ髪結様是《ここ》には、まことにおどろき入候」と、何かにつけて不自由な三戸の片田舎の村々と異なり、港町の賑わいと、目新しい品物の豊富な町に目をみはる。小野宿に一泊し、そこより塩釜まで小舟に乗り、面白く説明する船頭の語りに耳をかたむけながら松島見物をし、塩釜明神などに参拝し、漁民に鯛を料理してもらい皆へ振舞いをする。仙台へ向う松並木を人力車が走り、一行の目を驚かす。南部の片田舎には、新政府になっても生活はいっこうに変化がなかったが、奥州の都仙台には早くも新しい生活が始まっていた。原野・槻木《つきのき》・越河・本宮《もとみや》と宿を重ね、磐梯熱海《ばんだいあたみ》温泉の湯に入って旅の疲れをいやす。翌日の中山峠は馬もむずかしく老人たちも歩行で越え猪苗代湖畔の関脇に泊り、見禰山に参詣したが、戦火で焼失し社の跡だけとなっていた。大寺村に一泊し、依頼していた会津の知人の家へ行ったが、その家の妻が大病をしており、そのうえ、斗南より引きあげてきた一族も大勢いたので、心当りの家を探し、戦争の折世話になった井出村の石山忠右衛門の所に落着くことになった。

　新政府軍が会津へ侵入してみつ一家が長年住みついた自分たちの屋敷を出て、五年九ヵ月の月日が流れていた。この間、みつ一家は幾人もの家族を失った。家督を継いでいた弟岩五郎は、会津戦争に出陣中の八月二十九日に長命寺の激戦で戦死、下の弟は白虎《びゃっこ》隊《たい》士として飯盛山で自刃、父新兵衛は籠城中の九月十四日に砲弾に当って城内で戦死、妹ゆふは戊辰戦争後の放浪の生活の中で充分な薬も食べ物もないなかで病死し、当時生後四ヵ月であった岩五郎の長男清吉と六十歳に近かった母と妹三人の、赤ん坊と女家族が残された。年長のみつは一家をリードし、たびたびの移住、長い他郷での生活のなかで、生計を支え、亡弟岩五郎の若い妻を励まし力づけ、乳児の清吉の養育を助け、会津への帰郷を果たし間瀬家を守って生きた。その一端がうかがえる七年に近い歳月の生活日記ともいえる旅日記「戊辰後雑記」に、戦争の後始末をしながら生きていく、たくましい女たちの足跡が見事に刻まれている。

徳川家救済の使者

戊辰（一八六八）の春を迎え、江戸は騒然となった。江戸城大奥は、政府軍総攻撃の噂の中で、ひたすら和宮《かずのみや》を頼った。公武合体政策の犠牲として孝明天皇の妹和宮が将軍家茂《いえもち》に降嫁して六年の年月が経過し、その間に孝明天皇も家茂も世を去った。姑天璋院《てんしょういん》をはじめ、代々の将軍の側室たちの住む江戸城大奥で、家茂没後、落飾して名を静寛院《せいかんいん》宮と称してひそかにすごしていた宮のまわりがふたたび騒がしくなり、人びとの出入りが激しくなった。慶喜や天璋院の使いが再三訪れ、慶喜の謝罪と徳川家家名存続の嘆願がくりかえされた。表に立つことを控えていた宮はついに決心をし、母観行院《かんぎょういん》橋本経子や宰相典侍《さいしょうのてんじ》庭田嗣子のなきあと、最も信頼している上臈《じょうろう》（身分の高い女房）土御門《つちみかど》藤子を使者にたて嘆願書を京都へ届けさせた。

藤子は、宮から伯父の大納言橋本実麗《さねあきら》と甥の少将実梁《さねやな》にあてた直書、それに慶喜の嘆願書合わせて三通を竹製の文箱に入れ、明治元年（一八六八）一月二十六日、江戸城を出発した。二十九日、雨のそぼ降る中を尾張熱田宿まで来たとき、実梁が東海道鎮撫総督として桑名まで東下していることを知り、実梁へ向けて面会を求める使いを出す。二月一日、陸路を佐屋街道に入り、佐屋宿で実梁の返事を待っていると、桑名光徳寺で待つとの返書が来たので、そこへ向い実梁に面会する。実梁の慶喜に対する怒りは大きく、慶喜の嘆願書をさし出すことさえはばかられるほどであった。藤子は宮の直書を実梁へ手渡した。それは、

此度の一件はともかくも、慶喜これまで重々不行届のことゆゑ、慶喜一身は何様にも仰せ付けられ、何とぞ家名立ち行き候様、幾重にも願ひ度《た》さ（ママ）、後世まで当家朝敵の汚名を残し候事、私身に取り候ては、実に残念に存じ参らせ候。何とぞ私への御憐愍《れんびん》と思しめされ、汚名をそそぎ家名相立ち候様、私身命にかへ願ひ上げまいらせ候。是《ぜ》非《ひ》々々官軍差向けられ御取りつぶしに相成り候はゞ、私事も当家滅亡を見つゝながらへ居り候も残念に候まゝ、急度《きつと》覚悟致し候所存《しよぞん》に候。私一命は惜しみ申さず候へ共、朝敵と共に身命を捨て候事は、朝廷へ恐れ入り候事と、誠に心痛致し居り候。（『静寛宮御日記』）

と、慶喜の罰はのがれようはなく何なり科《とが》を仰付けくださってもかまわないが、徳川の家名存続を身命かけて願うのであり、もし官軍を差し向けて徳川家を取りつぶすようなことがあれば「覚悟致し候所存」と家名存続に死をかけての嘆願であった。そこには宮の婚家徳川家と生死を共にするという、武家の女たちに見られる貞烈・没我的、家門維持に対す

る責任が強く感じ取れる。

和宮の代役として奔走

藤子は実梁会見の役を果たし、その夜は桑名の顕本寺に宿泊し、四日市・土山・石部・大津と東海道の宿場で宿をとり、六日に京都へ到着した。京都へ到着早々、藤子は議定の長谷家をはじめ倉橋家や中院家ら公卿や旧女官たちに面談し、宮の直書に対する朝廷の意向を尋ねた。自宅の土御門家に帰り着くのは深夜をすぎることが多く、その日のことを書き終ると午前四時すぎになることもあった。十六日には兄土御門晴雄の力添えもあって再度実麗と面談し、実麗から正親町《おおぎまち》三条実愛《さねなる》の書取りを渡され、ついに徳川家存続の内達を得ることができ、急ぎ江戸へ向った。

十八日、雨の京都を後にする。二十三日、新居宿で橋本実梁に再会。行きに借りた通行許可の印鑑を返却し、この先の印鑑を与えられた。二十五日、府中宿泊りを予定していたが、東征軍の先鋒薩長の新政府軍がひしめいていたので、手前の小吉田で宿泊する。三十日江戸着、早速宮へ報告し、三条実愛の書取り文を手渡す。

三月に入ると追討軍の先鋒は江戸へ接近し、東山道の先鋒は板橋、東海道先鋒は六郷川近く、北陸道先鋒は千住までも押寄せていた。宮は江戸総攻撃に際して、江戸の幕臣や市民が動乱、騒立てなどして不敬があっては、せっかくの家名存続の寛大な処置も取り止めとなり、それこそ徳川家にとって一大事であるので、徳川一門の恭順と江戸市民の取鎮めに努力するので、何とか「軍勢御進めの御猶予」を願うという直書をふたたび藤子に持たせて橋本実梁のもとに届けさせた。

三月十日、藤子は江戸城西の丸を出発、品川をすぎ六郷の渡し（多摩川の下流）まで来ると、川向うには薩摩軍勢がいて警戒が厳重であった。行手には関門が設けられ、川崎には宿陣が張られてあった。「静寛院宮様の御目代上﨟藤の方の一行」と名乗っても「何の御用にて御出や御用の御趣意伺申さす候ては通行も成かたき」と許可されなかった。ちょうどそこへ詰めていた山口某へよく説明して、やっと通行ができた。この日の予定の戸塚泊りを変更し、夕方おそく神奈川に着く。ここで、行先の困難を予想して橋本少将に途中の通行の便宜を計ってもらうための書簡を出す。翌日も関門に差留められる。あちこちに関門が設けられ手間がかかる。藤沢で止められ先へ進めず、陣中から大砲二発を打鳴らし威嚇したため、付添の女中らはたいそう恐怖する。土地の者に尋ねると、大磯よりの道には関門がないと聞き、そちらへ向うが道路が悪く、日も暮れるころ江の島の岩本院へたどり着く。しかし案内の者が、明日大磯と南郷の間に柵を築いて兵を駐屯させるらしいと言うので、大急ぎで出発することになり、八ツ時（午前二時ごろ）に島を出る。大雨の中を雨具の用意もなく足を急がせ、夜の明けるころ大磯へ着く。その足で小田原まで行き、警戒にあたっていた小田原藩の好意で本陣に入り、衣類などを乾かす。ここで宮へ書簡を出す。十三日、朝、小田原を出発して箱根を越え、三島を難なく通過して沼津へ到着する。そこは東海道先鋒総督橋本少将の陣地であるので、幕を打ちまわし厳重に固めてあった。その夜は宗白寺に泊る。

十四日、橋本実梁が護衛兵を引連れ宗白寺へやって来て対面する。実梁は、江戸方より手向いさえせねば官軍としても無謀なことはしないであろうから、何よりも江戸表の鎮静が大切であると、好意的な忠告をし、ここは本営であるので、すぐに江戸へ帰るようにと忠告する。十五日、使命を果たした藤子は沼津を出発、小田原、程ヶ谷（保土ヶ谷）で宿をとり、十七日江戸城へ帰り着き、宮へ報告し、実梁からの返書を差出す（「土御門藤子筆記」）。

藤子が実梁と面談していたちょうどその日、江戸では高輪の鹿児島藩邸で、西郷隆盛と勝海舟との会談が行われ、両方の降伏（謝罪）条件がほぼ合意に達したので、翌十五日に予定されていた江戸城総攻撃は中止された。

西郷・勝の歴史的会見は絵画にもなり、大いに称賛され、あたかも二人によって江戸城無血開城が成立したかのように思われているが、静寛院宮やその女官たちの命がけの嘆願も裏にあったことを思い知らなければならない。藤子の旅日記は、まさしくそのことを実証する史料である。

大名家の旅

時代の波に変動する旅の記録

手元に集めた旅日記百数十点を、書き綴った人の身分で大別してみると、ほぼ三分の一が武士階級であり、その中の三分の一が大名家の女たちのものである。人口全体からすれば武士階級は一割弱であるといわれており、大名家の人口となると、その何百分の一であろう。その比率から考えると手元にある大名家の一六名の女たちの書いた一八点の旅日記は多い方であろう。これが歌集となると、また、その数をぐんと増す。大名家では男女ともに、幼児期より歌の手ほどきを受け、歌を詠むことは最小限の教養であったから、ほとんど皆が歌の一首や二首を詠まないことはない。どの藩の調査をしても女たちの詠草や短冊、色紙に出会う。

旅日記が綴られているということは、教養として文を綴ることができ、歌を詠むことができたというだけではなく、比較的外出も自由であり、余儀なく旅に出なければならない、政治的な理由もあったからである。

その旅日記を時代別に並べてみると、大きく三種類に分けられ、それが時代の変動を写しているように思われる。十七世紀初期は江戸幕府確立の時代で、幕府の統制が厳しく、大名の妻子を江戸へ置くことが命じられたため、大名夫人の江戸入りの旅日記として加賀藩祖前田利家妻松子の「東路記」(慶長五年、一六〇〇)や尾張藩祖徳川義直の妻春の「道の記」(寛永十年、一六三三)がある。ともに故郷を離れ「君の御ため世のため、又は子を思ふ心のやみには何をか思ひわきまへ侍らん」(「東路記」)と旅立つが、故郷を恋しく思い、旅の心細さ、江戸での生活への不安を述べている。

十八世紀には元禄文化の花が開き、国学が盛んになると国学者のまわりに女性歌人が生まれ、歌材を求めて旅に出て歌入りの旅日記を書くようになる。大名家の女たちも神社仏閣参拝や物見遊山の旅を楽しみ、旅日記を綴っている。豊後岡藩主中川久盛妻の「伊香保記」(寛永十六年、一六三九)、常陸国下館藩主黒田直邦妻土佐子の外出日記ともいうべき「石原記」(享保二年、一七一七)や「言の葉草」(享保十五年〔一七三〇〕前後)、肥後熊本藩の支藩宇土藩主細川興里妻軌子の江の島紀行「やよひの旅」（安永六年、一七七七）、出羽秋田藩主佐竹義峯の娘邦の「身延紀行」（寛政元年、一七八九）、少し時代が下がって、出羽新庄藩主戸沢正親の妻瑞子《みずこ》の江の島紀行「旅日記」（文政四年、一八二一）などがある。いずれも箱根の関を越えない範囲での物見遊山の旅である。

夫に死別後国元に帰る大名夫人の日記もいくつか目にとまる。佐土原藩主島津久雄妻興正院の「あづまのゆめ」（寛文九年、一六六九）、前記細川興里妻軌子の「海辺秋色」（天明二年、一七八二）、加賀藩主前田斉広妻隆子の「こしの山ふみ」（天保九年、一八三八）などである。

十九世紀は幕府激動期である。庶民女たちの旅日記にみられる政治活動の旅のような旅日記は、大名という縛られた階級であるため、さすがに見いだし得ないが、逆に政治に翻《ほん》弄《ろう》される女たちの旅日記が、幕末期に多く書かれている。文久二年（一八六二）の参勤交代制緩和に合わせての、江戸に留め置いた大名妻子の帰国許可による大名家の女たちの国下りとその後の江戸への帰還に見られる道中記が、なぜか西国の大名家を中心に見られる。豊後杵築《きつき》藩主松平親良《ちかよし》妻繁子の「下国日記」（文久三年）、筑後久留米藩主有馬頼永《よりとう》妻晴子の「春の山道」（文久三年）、日向延岡藩主内藤政順《まさより》妻充真院繁《みつ》子の「五十三次ねむりの相の手」（文久三年）、「海陸返り咲ことばの手拍子」（慶応元年、一八六五）、日向佐土原藩主島津忠徹《ただゆき》妻随子《よりこ》の「江戸下り日記」（文久三年）、武蔵川越藩主松平直侯《なおよし》妻健子の実家肥前佐賀藩への避難記ともいうべき「松の雫《しずく》」（慶応四年、一八六八）などがそれである。

戊辰戦争は、庶民や藩士の妻子たちを動乱の中へ巻き込んだだけではなく、大名家の女たちをも、その渦中に投げ込んだ。城を追われ国を追われ、着のみ着のままの逃避行を大名家の女たちもまた記録にとどめておかずにはいられなかったのである。陸奥二本松藩主丹羽《にわ》長国妻久子の「道の記」、越後長岡藩主牧野忠訓《ただくに》妻つね子の「長岡落城より会津仙台までの日記」、越後村松藩主堀直休《なおやす》妻祐子の「滝谷の記」などいずれも、慶応四年（一八六八）の激しい戦いの中で戸惑いながらも生き抜いた女たちが綴った、歴史の一面を鮮明に映し出す史料として価値の深い旅日記である。

以上、大名家の女たちの綴ったさまざまな旅日記のうち、数点を取り上げてみよう。

江戸への人質の旅

幕府が譜代大名の妻子を江戸に引移すよう命令を出したのは、三代将軍家光が約三〇万七〇〇〇人の供を引連れて上洛中の寛永十一年（一六三四）八月のことである。こうした制度はすでに豊臣秀吉によって始められ、秀吉は大坂城や伏見城などの周辺に諸大名の邸宅を置き、諸大名に領国とを往復させ、大名妻子の在京を強制した。家康も慶長八年（一六〇三）に征夷大将軍に就任してからは、外様大名の江戸参勤とその妻子の江戸居住を奨励していたので、その二年後には早くも伊勢国津藩主藤堂高虎が、妻松寿院と子高次を江戸藩邸に移し、同じ慶長年間に紀州和歌山藩主浅野幸長や陸奥国仙台藩主伊達政宗らも江戸藩邸に妻子を移した。

そうした中でも最も早く人質として江戸へ下ったのは加賀国金沢藩主前田利家の妻芳春院である。芳春院は関ヶ原の戦いを前にして、謀反《むほん》の疑いをかけられた嫡子利長の潔白を晴らすために家康の求めに応じて慶長五年（一六〇〇）五月、五十四歳の身ながら、伏見を出発し江戸への長旅を果たしたのである。その折の芳春院の気持を思いやりながら同行の侍女らしい人が綴った「東路記」は人質の旅の心細さを表している。

したしきゆかりの中をはなれ、ゆくもとどまるもおなじつらさのなみだにて、かへりみるみやこのやま〳〵、かくれゆくなん、いと心ぼそし

東海道を下り、道中の名所旧跡を訪れても、見るものすべてにあわれさを感じ、何日も続くさみだれに足を留められ、窓打つ雨の音を聞くにつけても胸のふさがる思いのする旅の日々を送り、当時はまだ関所のなかった箱根の山を越えて江戸へ到着する。家康の丁重な扱いにかかわらず、異郷の地江戸での日々も朝に雲を眺め、夕べに月へ向かっても、忘

れることのできないのは、長く住み慣れた京《みやこ》の空であり、つらい旅枕に長い夜の夢も見なれず、床の上に坐って夜をすごす日々がつづく。

家康の子名古屋藩主徳川義直の妻高原院も三十一歳の寛永十年（一六三三）四月には、名古屋より江戸へ向かった。二〇首ほどの歌を含む「道の記」は、高原院自身の綴ったものので、通りすぎる地名をしっかりと書きとめ、その地の古歌や故事をふまえて歌を詠じ、旅の憂さと故郷より遠ざかる心細さを自ら慰めている。

旅衣ね覚《ざめ》わびしき床になほ　ひとをとがむる里の犬かな

旅先で聞く犬や鳥の声は、旅の苦しさに眠れない夜をすごすことに輪をかけ、ひとしおはげしく響き、寝覚《ねざめ》がちとなる。

とにかくにうき世をわたるわざなれや　早瀬の舟の水のまに〳〵

東路は夢かうつゝか宇津の山　うつつに越ゆる蔦《つた》の細道

いくつもの川を渡り山を越えるごとに、故郷を遠ざかる淋しさはますますつのり、早瀬を渡る舟のように、世の流れに身をまかすしかない身の上を半ば諦め、旅路も夢か現実かはっきりわからないまま夢心持のうちにすぎて行く。

思ひあまり故郷人《びと》にいひやらむ　同じ雲井《くもい》の空やみゆると

雨のため箱根越えができないで、山中の宿に留るにつけても故郷の人びとを恋しく思い、文の便りを書かずにはいられない。

このの ち、続々と江戸へ向った大名家の女たちも同じ思いで旅をつづけたことであろう。

悲壮な思いで江戸入りした大名家の女たちであったが、時が流れるうちに江戸藩邸で生れる女たちも多くなり、江戸入りの旅も少なくなっていった。

「石原記」に見る大名夫人の外出

一般に、人質といわれた女たちの江戸での生活はさぞ固苦しい籠の鳥のような自由のないものであろうと思われがちであるが、箱根をはじめとする江戸近辺の関所を越えない範囲での小さな旅や、日々の外出はわりに自由に出かけられたようである。鎌倉・江の島や伊香保の湯治《ゆあみ》の旅日記が何点か残されているが、日々の外出や外泊はどうであったのだろう。

常陸国下館藩主黒田直邦の妻土佐子が、「石原記」という一冊の日記を残している。享保二年（一七一七）一月、江戸の大火で常盤橋にあった黒田邸も消失し、一族は本所石原の下屋敷へ移り、常盤橋の本邸造築が終るまでの一年九ヵ月の仮住《かりずま》いをすることになる。夫直邦や三人の娘たちとのなごやかな生活振りや外出あるいは日帰りの旅の記録として、土佐子が三十七、八歳の時に綴ったのが「石原記」である。

仮住いという気軽さ、落着かない仮住いの娘たちへの慰めもあってか、土佐子は月平均四、五回の外出をしている。土佐子は甲府藩主柳沢吉保の養女として黒田家へ嫁いだので、故吉保の後を継いだ吉里のもとへの季節の挨拶をはじめ、縁者を訪れるほか、実家や養家・婚家の菩提寺への法要や墓参は、参勤交代で領国へ下る夫に代って家を守る女主《おんなあるじ》としての当然の役目である。こうした外出のほか、土佐子は、娘たちや時には夫直邦や従者一行と近くの寺社や小高い山や川舟遊びに興じている。

深川の浄心寺、洲崎の弁才天、回向院《えこういん》、常泉寺、木母寺《もくぼ》、押上の春慶寺、弘福寺、木下《きね》川の薬師、神田明神、浅草観音、伝法院などには、たびたび訪れ一家安全、二世安楽を祈願している。このほか季節の風物を楽しみに上野の桜見物、亀戸天神の藤の花見、近くの村へ田植見物、隅田川の舟遊び、両国の花火見物、秋の草花を求めて野原や川原へ散策、日蓮宗の会式にさまざまの飾り物を見物に寺めぐりに出かけ、時には訪問先で酒やさかなの接待もあり、桜や藤の花見には幕を打張り酒宴も開く。遊びに興じ、時を忘れ夜の十一時、十二時の帰宅もしばしばである。

こうした寺社参詣や物見遊山のほかに、仮住い中に娘の豊子の婚礼が行われる。師走の十八日、豊子は門出する。母親の土佐子は行列に加わらず家に残る。

嫁いだ娘の家へ

きのふけふの、ちごとおもひしに、いつしかおとなび、わが家にさだまり行給ふ事と、うれしきものから、年比《としごろ》かたはらさらず生たち給ひぬる名残をしさを、しゐてねんじもて、千世のよろづ代のくりごと、かつは家をおさめ給ふべきあらまし事など、をしへきこえつゝ出したてぬ。

昨日、今日までまだ子どもだとばかり思っていたのに、いつの間にか成長して婚家に嫁いで行くのは嬉しいことながら、ずっと手元で育てた子を手離す名残りは惜しく感じながらも、婚家に入って家をおさめる一通りの事は教え終えて送り出した母親の淋しさと安堵の気持を、土佐子は静かにかみしめる。

娘を嫁がせた母親の土佐子の外出先がまた一つ増える。新年早々に豊子の婚家松平家を訪問する。四月にはまた豊子を訪問し、夫直邦が領国へ下って留守ということもあって、豊子の婿松平忠暁《ただあきら》の強いすすめもあり、五日間も滞在する。豊子が里帰りをして三日ほど滞在した時には、土佐子は豊子を伴って頻繁に外出し、豊子をいたわっている。

豊子の安産を聞くや、土佐子は飛び立つように豊子のもとへ駆けつける。初孫は男子であり、あちこちの神仏へ祈願したおかげであると土佐子は大喜びする。あれこれ世話をしているうちに、土佐子は豊子のもとに二三日間も滞在する。

こうした土佐子の生活振りは、庶民の母の思いや喜びと少しも変らない。時間と経済的な余裕があっただけ、庶民より外出がしやすかったように思われる。その日の天気の様子で思い立つとすぐに飛び出すという、庶民より自由な面があったとさえ見受けられる。

土佐子のこの自由な行動は、単に仮住いの気軽さゆえではなかったことが、その後夫直邦に死別し、五十四歳から綴った日記「言の葉草」からもうかがい知られる。直邦なきあと、養子直純《なおずみ》を支えて家を守り、先祖の供養をし、親戚縁者との交際、菩提寺との交流など一家の女主《おんなあるじ》としての役目を果たすなかにも、相変らず孫たちとともに寺社参詣を楽しみ、孫娘の出産にも出かけ、長滞在をして産後の世話をする、世話好きな庶民の祖母の姿と変らない行動派の土佐子の日常が描かれている。

大名妻子帰国の旅

文久二年（一八六二）一月、水戸藩士らが老中首座安藤信正を江戸坂下門外で襲撃し、負傷させる事件が起きた（坂下門外の変）。このころ京都でも尊皇攘夷派の暗殺・傷害が頻繁に行われ、江戸や京都の町は騒然としてきた。

二月には十四代将軍家茂と皇妹和宮との婚儀が江戸城で行われた。そうしたなか、閏八月には諸大名の参勤交代制が緩和され、それにともなってそれまで江戸にとどめ置かれていた大名妻子にたいして「此表《このおもて》に差置候《さしおきそうろう》妻子の儀は、国邑《こくゆう》え引取候とも勝手次第致さるべく候」（『続徳川実紀』四巻）と領国への帰国許可が出た。というよりむしろ、騒然とした江戸よりの退去命令に等しいものであった。

住み慣れた江戸を離れるのは、誰にとってもつらいことであった。日向国延岡藩の前藩主内藤政順《まさより》の妻充真院《じゅうしんいん》も「老に成《なる》まで、ひとたびも東《あずま》をはなれし事もなく、はるばるの旅路もうき事と思ひつれど、何《いず》れとかいひなして、立出る事をのばさばや」と、六十三歳になっての遠い旅を嘆き、何とかして江戸へとどまることを考えたが、周囲の人びとから押し立てられて泣く泣く文久三年（一八六三）四月六日の雨の降りしきる江戸を離れる。東海道を駕籠で進み、箱根では福住という旅館で湯浴《ゆあみ》を楽しむ。この宿の立派な家の造り、部屋の調度、庭園、温泉、出された酒さかなもすべて満足ゆくもので、充真院は早速筆を取り上げ、箱根の山を後に控えた宿の全景や、部屋の間取り、調度品や庭の造りを絵にしたためる。関所も無事何事もなく通過し旅をすすめる。

このころになると元来性格の明るい充真院は、旅の中の不自由さをユーモラスに書きと

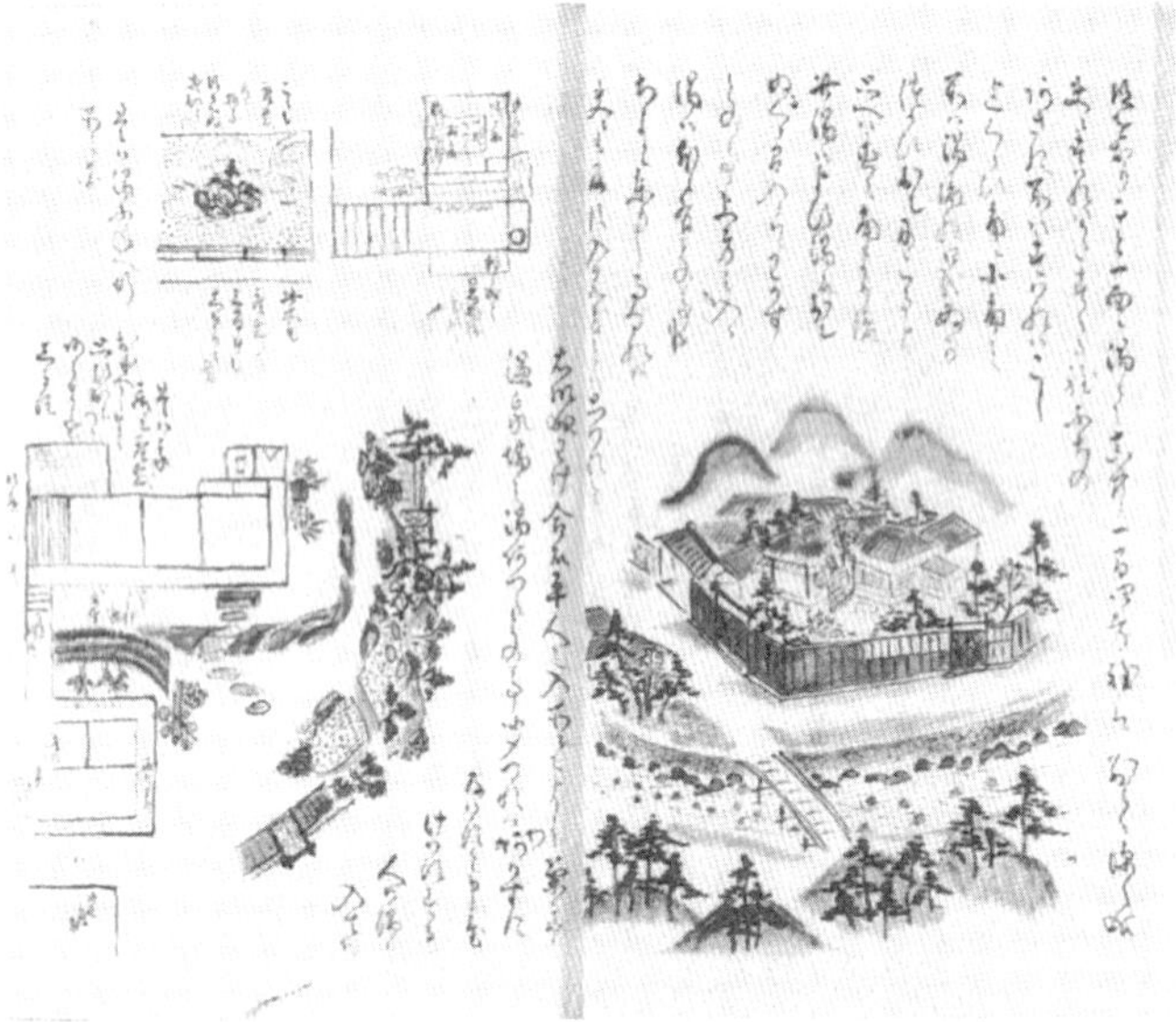

充真院「五十三次ねむりの合の手」より〝福住館〟

同上　〝石山寺〟

めている。旅になれてくると駕籠の中での居眠りもできるが、ゆれるたびに後頭部をぶつけ、「うしろのつむり余程はれいたみこまり申候」と書いている。また目が悪いので富士山もよく見えないと残念に思う。少しは歩行してはとすすめられ、松原を歩いてみたが少しも面白くないので駕籠にもどる。吉原から少し入った岩淵（静岡県）の名物栗の粉餅も充真院は「つまらぬ品也」と興味を示さない。充真院が最も関心のあるのは、どうやら住居や間取り、調度品、庭の造りのようで、あちこちでそうしたものを絵筆にとどめている。

旅の憂さを吹き飛ばし

道中の各所での特別の心遣いのもてなしに旅の憂さも吹き飛び、あらゆるものに充真院は持ち前の好奇心をかりたてられる。

掛川本陣では、藩主太田家より四、五人の使者が来てていねいな口上《こうじょう》とともにカステラが届けられた。浜松の本陣では、諸大名の奥方四軒と同宿となり混雑する。荒井（新居）関は早く渡った方がよいとの本陣の宿主の助言で、早朝、提灯を手に出発する。荒井では、屋根、杉戸付の幕を張った朱塗りの船で渡ったが、帰り行く船を見ると屋根も杉戸もたたんで船底に入れ、その手廻しの早さと心遣いに充真院は感心する。船よりあがると女子の関所改めがあり、その後、本陣で酒、うなぎ、菓子などの昼膳の接待を受ける。

桑名渡しの船は、尾州名古屋藩徳川家から用意されたもので、白ちりめんに朱色に葵の紋付の幕がかけられ、のぼりを立て櫓《やぐら》には紺に唐草模様の天幕が張られてある。絵で見るような白鳥丸という、将軍上洛の際に使用するもので、特別の間柄である充真院にたいして出されたものであった。船の中の飾付けも心配りがなされ、引船は太鼓を打鳴らし船歌で出発する。見物人も多く、本陣の庭へ直接横付けされた。

聞きしに勝る高い山の鈴鹿山を越え、瀬田の唐橋を歩行し、石山寺に参詣して紫式部の画像や硯《すずり》、自筆のお経を参観して充真院は大満足する。実は充真院は『源氏物語』五十四帖を自らの手で写しとり、註釈も写しているので、石山寺参詣は特別の感慨をおぼえたのであろう。京都へは入らず、そのまま伏見へ下り一泊して大坂へ向う。有名な「くらわんかぶね」を呼び寄せ、あん餅や酒を買うが、あれこれ差し出し横柄な言葉で「食《くら》わんか」と飲食物を押売りし、断るとぶつぶつ言って行きすぎたが、買ったあん餅は色よく見せるために消し炭が入っていて食べられず、腹立たしく思った充真院は、そのうち例の眠り病に見舞われ寝入ってしまう。

大坂では、侍女を伴って茶屋へ遊びに行き、自ら踊って狐拳《きつねけん》を茶屋の女将《おかみ》に教え込むが、女将は「きつね」が言えず、何度教えても「けつね」になり大笑いする。他の茶屋や料理屋を訪れ、三味線を弾かせて踊らせるが、「たいこもつゞみも江戸のと違《ちがい》何かぽちゃぽちゃやどこどこばかりにてつまらず」といずれも気に入らない。女郎屋にも見物に出かけ「何か女のふうぞく少しも気にいらずしやらしやら致し居て、男はいさみとおぼしきもぼくぼく致様にみうけいやな地に候」と、全体として大坂の町民に対しては良い感情を持てなかったようである。そのうえ、大名夫人の駕籠というので見物人も多く、無遠慮に駕籠をのぞき込み、坊主頭の充真院を見て「ぼんさん〳〵じゃ」と口々に言う。充真院自身が大名家の女という立場を置いて大いに遊びに興じることができたのも大坂の解放的な雰囲気なればこそできたのであろう。

船路の旅

大坂からは瀬戸内海を船で下る。途中、船頭を駕籠かきに仕立て金比羅宮へ向う。「目なきものさへ信心にて上り、拝する事ならで下山も残念」と石段の坂を死ぬほどの苦しい思いで登り参詣を果たす。

雨のために港に停泊する諸大名家の船に遊女たちが寄って来て、三味線や太鼓の音をたてる賑やかな船もあり、音曲の好きな充真院はそれらを見て、心を慰める。また「魚かいなはらんか」と盤台を頭に乗せた女たちが、大声をかけ、中には乗り捨てた小舟を自分で漕いで船へ近付いて売る女もいる。

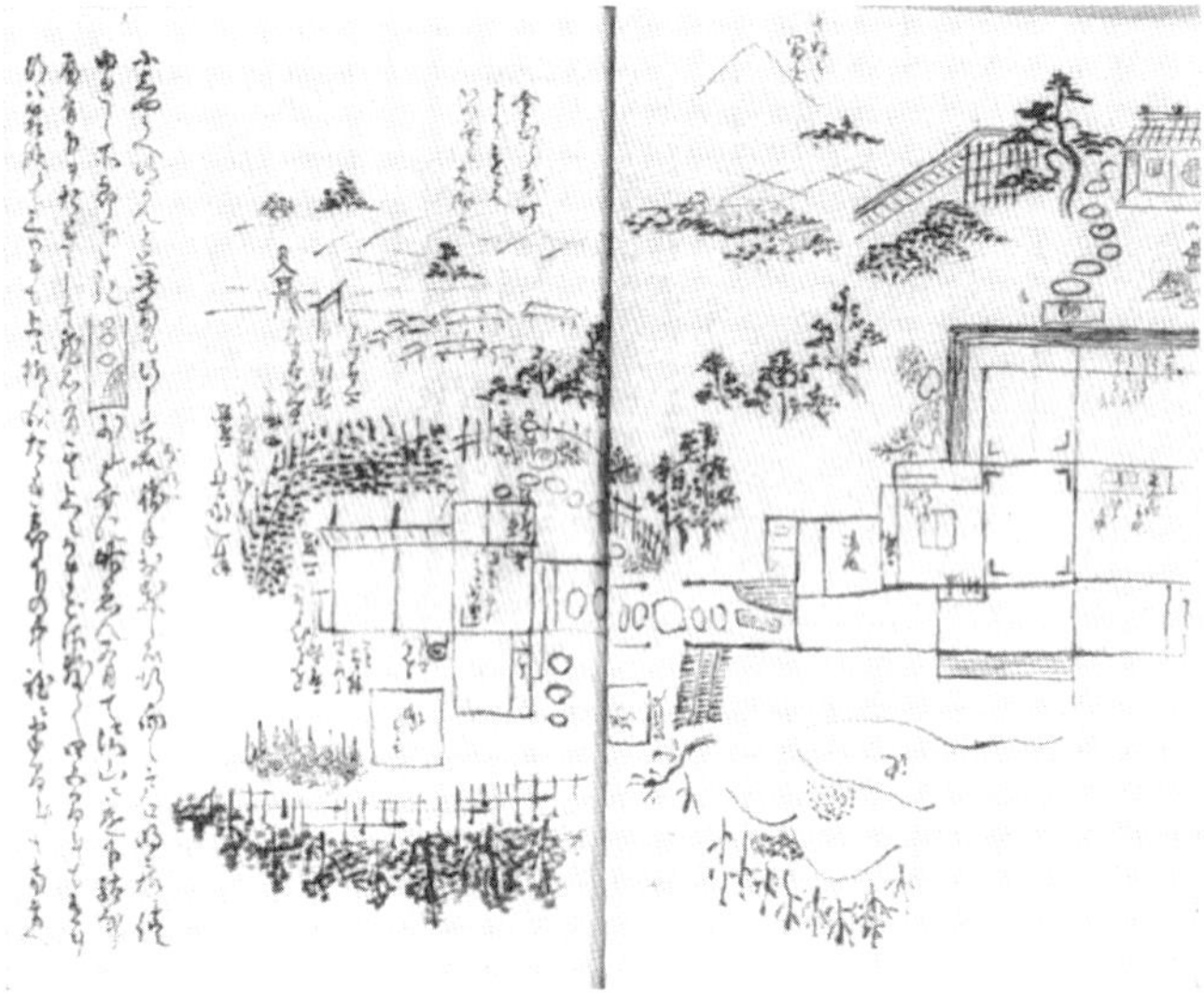

充真院「海陸返り咲こと葉の手拍子」より〝金毘羅山金光院〟
充真院の得意とする間取り図とさぬき富士

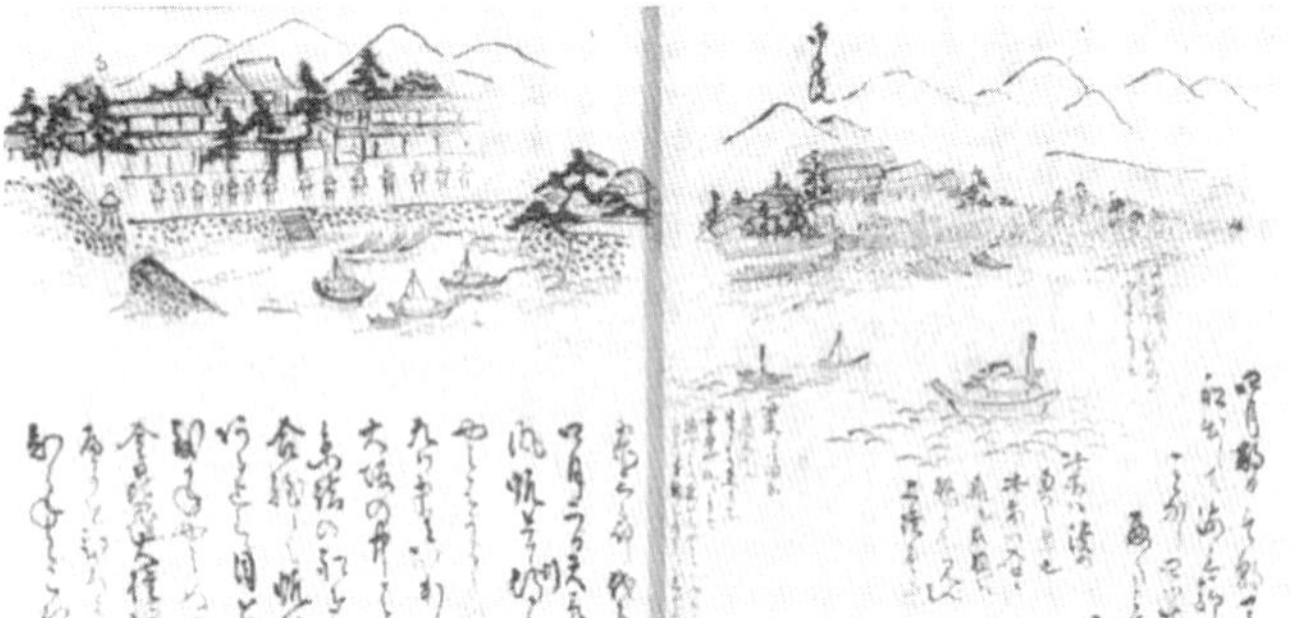

充真院「海陸返り咲こと葉の手拍子」より〝芸州御手洗《みたらい》〟
石の鳥居、灯籠などが並び、多くの船がつながれている。
右手に磯で蛸を取る人々の姿がみえる。

伊予の三机《みつくえ》では、船の停留中、土地の庄屋の家へ入湯に行く。下苗の港では、夜、退屈しのぎに充真院は侍女に命じて三味線を弾かせ、延岡に着いたら端唄の踊りを見せようと、明りを薄暗くして踊りの稽古をしていたところ、土地の役人たちが小船でそっと寄って来て窓より眺めていたことを後で知り恥しく思う。「六十地余りに成て、馴《なれ》しあづまの住居さへもならぬといふ世の中、なみださしぐむばかり」という思いで四月六日に江戸を発ったが、好奇心旺盛《おうせい》で多芸多趣味の充真院は、どういう状況にあっても退屈ということを知らず、いつしか旅をわがものとして積極的に旅を楽しむようになる。六月二日の延岡到着までの五五日間を、変化に富んだ日々にしてすごし、いつも周囲に笑いの種をまき、同行した孫娘光とともに無事、下国の旅を終える。

充真院は、住み慣れた江戸を恋しく思って涙を流したり、別れた人びとを思い出して日をすごすことなく、旅先の風物をしっかり見つめ、庶民たちの生活振りに関心を持って、その言動を明確にとらえ率直な意見を述べている。充真院の旅の中での最も大きな関心事は、宿屋などの家の造りや間取り、床や棚そして調度品、庭の造り、あるいは船の形や造り、髪飾りなどであって観察力は正確である。文章もユーモラスで「五十三次ねむりの合の手」と題された下国日記に添えられた五〇点ほどの墨絵やカットのタッチも綿密で力強く、当時の様子をよく伝えている。幕末の大老井伊直弼の姉らしいスケールの大きな女性である。

充真院は、ふたたび江戸へ帰ることはないと覚悟した旅であったが、二年後、江戸へ帰ることになり、その喜びの気持を七二日間の旅日記として「海陸返り咲こと葉の手拍子」と心浮き立つような題名を付けて書き綴っている。リズミカルな序文が江戸へ帰る嬉しさを表現している。

あいの手も夢かうつゝか水調子、ういた心も桜どき、長閑《のどけ》き空を青柳丸の、陰にしばしの仮まくら、ゆられ〳〵あかしがたく、追手をまつの深みどり、常磐津《ときわづ》ならじ難波《なにわ》津《づ》の、節もとどかぬう路おぼへ、忘れぬ為の道しるべ、心もはやる江戸ぶしに、かゝんと思ふ楽しさは、かはる旅寝も嬉しくて、人に語《かたら》んことの葉と、かひつけおくも後や先、さぞなわらはんことの恥かし、

長岡落城、会津へ避難

長岡藩軍事総督の河井継之助と新政府軍監岩村精一郎の小千谷《おじや》（新潟県）での談判は決裂し、新政府軍の進撃停止と戦争中止の歎願はもみ消されてしまった。長岡藩はただちに奥州列藩同盟に加入し、新政府軍と戦う姿勢を取った。

慶応四年（一八六八）辰とし五月十九日朝五ツ時頃（午前八時）、長岡落城に相成《あいな》り、いまだ寝巻のままにてなかなか駕籠も間に合かね、その身そのままにて私はしめかぶり笠、わらんぢ（草鞋）はき、庭口より立のき、その時は最早てき（敵）近く参り、所々より鉄砲玉参り候へども、まづけがもなく立のき、

五月十九日早朝、長岡城は新政府軍の奇襲を受け、一度は簡単に落城した。この時、長岡藩主牧野忠訓《ただくに》の二十五歳の妻つねは、寝間着《ねまき》姿のまま、わらじをはいて鉄砲玉の中をくぐり抜けるように城を立退き、近くの村の百姓屋に逃げ込み、腹ごしらえをした後、雨の中を山奥へと逃げのびる。強い雨の中での八十里越えと呼ばれるきびしい峠越えも、人足がいないのでつねは歩行で越える。山の頂上で桐油紙を敷いて妹のふさと横になるが、夜が更《ふ》けるにつれ、露がおり、顔にかかって冷たく湯衣《ゆかた》一枚の身に寒さがしみ通る。侍女は夜通し火をたいて不寝《ねず》の番をする。翌日も食べる物がなく、清水を飲んで飢えをしのぎ、その夜やっと会津領内の只見《ただみ》村にたどり着き、百姓屋に泊めてもらう。足は腫《は》れ痛みがひどく人の手を借りなければ歩けないあり様となる。翌日、会津方よりまわされた駕籠で建福寺という寺へ行くと、前藩主である父や子供たちも来ており、しばらくそこでともに暮らすことになる。七月二十四日、長岡より朗報が入り、二ヵ月振りに長岡城奪還の成功を

知らされ、一同は大喜びするが、二十九日に早飛脚《はやびきやく》が来て城を新政府軍へまた取返されたということを知って落胆する。

さらに仙台へ逃避

そのうち会津城下もさわがしくなる。長岡の落城でけがをした人びとや留守家族の女たちが続々と藩主の宿泊している会津を目ざしてつめ寄せる。

会津城下に新政府軍が押し寄せたので、八月二十二日、真夜中に建福寺を立退き、三日間徹夜の強行軍の逃避の旅がつづく。やっと空家になった百姓家にたどり着く。家来たちが台所の隅より米や味噌漬を探し出し、ご飯をたいて何とか飢えをしのぐ。さらに米沢を目ざして山奥へ進み、敵がせまって来たと聞くや家来たちは鉄砲玉をこめ戦いの準備をし、いつねは、もはや命はないものとの覚悟をするが、間違いと知って一安心する。常に危険にさらされての逃避行に「真実《まこと》に真実に何の因果にてこのやうにこはき思ひ致し候や」と我身をうらめしく思う。

米沢近くになると、あちこちに関所が設けられ、なかなか簡単には通過できず、国へ引返すように命じられる。しばらく関所の前で待たされ、おむすびを貰って食べながら「昔の落人《おちうど》の事思ひかたり出し、なみだこぼし嘆き居り候」うちに、家来が交渉してやっと夜に入って通過の許しが出る。

米沢藩に見捨てられた一行は、仙台へと向う。木挽《こびき》道をふらふらしながら進み、下を見れば深い谷で、荒波が渦巻き、目のまわるような思いのする藤づるの吊橋を、こわごわといくつも渡る。

九月八日、会津を出て一五日ほど危険な恐怖の旅ののち、仙台に到着し、宿舎の寺に入ってやっと落着く。二ヵ月ほどそこに滞在し、戦いが終ったので、十一月九日に長岡へ向う。帰りの旅は戦《いくさ》の恐怖はないものの、山つづきの道と大雪に難儀するが、それでも風景のよい所を眺め眺め旅をする余裕を持つ。

十一月二十八日、長岡を出て半年あまりの避難の旅を終えて故郷へ帰着する。「誠に誠に奥州辺まで参り、ふしぎの事、只々《ただただ》長き夢見候と存候」と感想を述べ、日記の末尾に三首の歌をしたためてある。

　ある君の東へ旅立ぬれば

村雲の曇れば曇れ曇るとも　いつか晴行時もなくあらん

打人もうたるゝ人ももろともに　おなじ御国の為とおもえば

うきに付嬉しきに付命あらば　此よの中を何かなげかん

「ある君」とあるのは、丹後宮津藩から迎えた婿養子忠訓のことである。忠訓は恭順の意を示して東京へ出て芝の昌栄寺に謹慎中であった。つねは夫忠訓へ逃避の旅のあらましを旅日記として綴り、いつか許される日もあるだろうとの歌を添えて「おわらい草御覧に入候」と送り届けたのである。翌年二月、つねの腹違いの弟忠毅《ただかつ》に二万石が与えられ長岡藩は復活する。

いつの時代にも庶民や女たちの知らないところで戦いが始まり戦いが終る。庶民や女たちは戦火の中を逃げまどい、土地を追われ生活を奪われ肉親を失う。避難・逃避・放浪・難民としての旅は最も悲惨な旅である。女たちはそのことをしっかりと旅日記に綴り残している。女たちの貴重な後世への遺産である。

女旅日記にみる旅の実態

女旅の特質

前章では、近世の女たちの旅の動機を分類し、三〇点ほどの旅日記を簡単に紹介した。近世女たちの旅の実態を知るために、近世女旅の特質を考えてみたい。女たちの旅の難儀な点、不自由な点と、旅の中での楽しさ、旅の中で学んだもの、そして旅の中で見たり聞いたり、感じとったものは何であったかを旅日記の中から拾い上げてみよう。

関所と女改めに対する規制

近世の女たちが旅をするにあたって、最もわずらわしかったのが、関所での通行手形のチェックと女改《おんなあらた》めである。なかでも「入鉄砲《いりでっぽう》に出女《でおんな》」という言葉があるように、江戸に入る鉄砲と江戸から出る女の関所改めが最も厳しかった。江戸に人質的意味を含めて諸大名の妻子を居住させていたが、妻子らが国元へ逃亡することを防ぐ大名統制策の一環として位置づけられているが、治安の意味からも一般の女たちの関所通行も厳しくチェックされたと考えられる。

女が関所を通過する際には、必ず通行許可証である女手形が必要で、これは女証文、女切手ともいわれた。手形の発行は非常に複雑で出発地により発行者が異なり、時代によっても変化した。発行者は出発地が江戸の場合は幕府役人の御留守居であり、京都や西国の場合は京都所司代や京都町奉行所で、摂津や河内では大坂町奉行であり、このほかその地の藩主や家老ら代官、庶民の女手形の場合は市中では町奉行所、農村等では寺院、庄屋・名主らが奉行所へ申請して、奉行所の裏書きを付して発行することもあった。

女手形には記載事項として、女たちの身許・同行の人数・乗物挺数・出発地・行先・手形申請者・宛先などが必要であった。特に女の区別は厳密で禅尼（身分の高い人の後室、または姉妹など髪をそった女）、尼（普通の女で髪をそった人）、比丘尼《びくに》（伊勢上人や善光寺などの弟子、または高貴の人の後室などに仕える女や熊野比丘尼ら）、髪切（長短にかかわらず髪を切った女）、小女（〇歳より十五、六歳まで、あるいは振袖を着た女）、乱心の女、囚人、死骸、さらには女の身分を誰母、誰娘など、また懐妊何ヵ月、鉄漿《かね》付（お歯黒付）などまで記載する必要があった。手形記載事項と実際とがくい違った場合は差戻され、取直し証文でふたたびチェックをされた。こうした通行規制は明治二年（一八六九）の関所制度の廃止まで行われた。

女手形を持参せず、関所を忍び通ったり、山越えするなどの関所破りをした場合は処置される規定があった。『公事方《くじがた》御定書《おさだめがき》』には関所破りの処罰として「その所において磔《はりつけ》」、ただし「男に誘引され、山越いたし候女は奴《やっこ》（本籍を除き婢《ひ》とする）」とあり、関所を「忍通り候もの、女は奴」と定められている。

こうした規制の中で女たちはどのような旅をしたのか、女たちの綴った旅日記の中からその実態をみてみよう。

今切（新居）の関所での女改め

讃岐国丸亀藩の儒者井上本固《もとかた》の娘井上通女は、天和元年（一六八一）藩主京極高豊《たかとよ》の母養性院に召され江戸へ向う。途中、今切《いまぎれ》（静岡県湖西市）の関所で女手形の記載事項についてわずかなことでひっかかってしまう。脇をあけた振袖の着物を着た女は「小女」と書かなければならないところを、当時二十二歳であった通女は、まさか「小女」と書くなど考えもせず、ただ「女」と書いたために関所を通過できず、大坂へ使者をたてて関所手形の取り替えをしなければならなかった。そのため荒井の宿で六日間もむなしくすごすことになり、

いかが悲しくつらくて、いかでさる事しらざりけんと、我身《わがみ》さへうらめしくて、
たびごろもあら井の関をこえかねて　そでによる浪身をうらみつつ

と、その折の旅日記「東海紀行」の中に「女の身のさはりおほく」不自由な旅を嘆いている。この女手形は二日間大坂に滞在して大坂町奉行で発行してもらったものであったが、使者はふたたび大坂へ戻って新しい関所手形を再発行してもらい、それを今切関所に提出して、再度チェックを受け、やっと通過の許可がおり、関所構内の渡船場から対岸の舞坂《まいさか》に無事渡ることができた。

三枝斐子は「旅の命毛」の中に、堺へ向う途中舞坂より荒井へ船で渡り、女改めを受けた折のことを次のように書き留めている。

午《うま》の時に彼方の岸に着く。舟より輿《こし》に移して、おほやけの定めどもあり。いそぢ余《あまり》のうば、頭に何やらん戴きて出来《いでき》つゝ、事共《ことども》取扱ふさま、鄙《ひな》びたれど昔覚えて、さすがにすゞしうぞある。関の人々さまぐ〵のゝしり果て、橋本の宿に休む。昔浜名の橋の跡とか、朽ちにける伝へを人の云程も又遥《はるか》なり。箱根の関にて女の作法あり。又こゝも同じ定めなる物から、男子《おのこ》ならざれば、いかに故郷《ふるさと》恋し共《とも》とみに通ふべきことも絶果たりと思ふに、いといみじう心ぼそうかなし。

ふる里を遠つあふみにへだて来て　浜名の橋のあともたえけり

元慶八年（八八四）、陽成天皇の治世に遠江国浜名橋が架けられたが、それもはるか昔に朽ち果て、船で渡って、箱根の関所と同じく女改めを受けねばならない。そのわずらわしさのために女たちは故郷を恋しく思っても通うことができなくなってしまい、心細く悲しいものであると妻子は女の身のつらさを訴えている。

箱根の関所の女改め

箱根の関所は、東海道の今切関所・中山道の碓氷関所・木曾福島関所と並んで、江戸時代五三の関所のうち、四大関所に数えられ、ここでの女改めはことに厳しかった。

先に紹介した井上通女は、丸亀藩の江戸中屋敷で藩主の母養性院に仕え、姫君や侍女たちに物読み、手習いなど教えた。養性院に信頼され、養性院を訪れる大名たちと詩歌を交わし「古《いにしえ》の清紫二女にあとおふべき」と褒めそやされて日をすごすうちに、九年の月日が流れた。

元禄二年（一六八九）二月、養性院が世を去ると、通女は任務を辞して、人びとに惜しまれながらその年の六月、故郷丸亀へ帰った。帰旅は弟益本に守られての気楽な旅とあって「万《よろず》にうしろやすくたのもしき事限りなし」と輿の中から外の景色を楽しんだ。それ

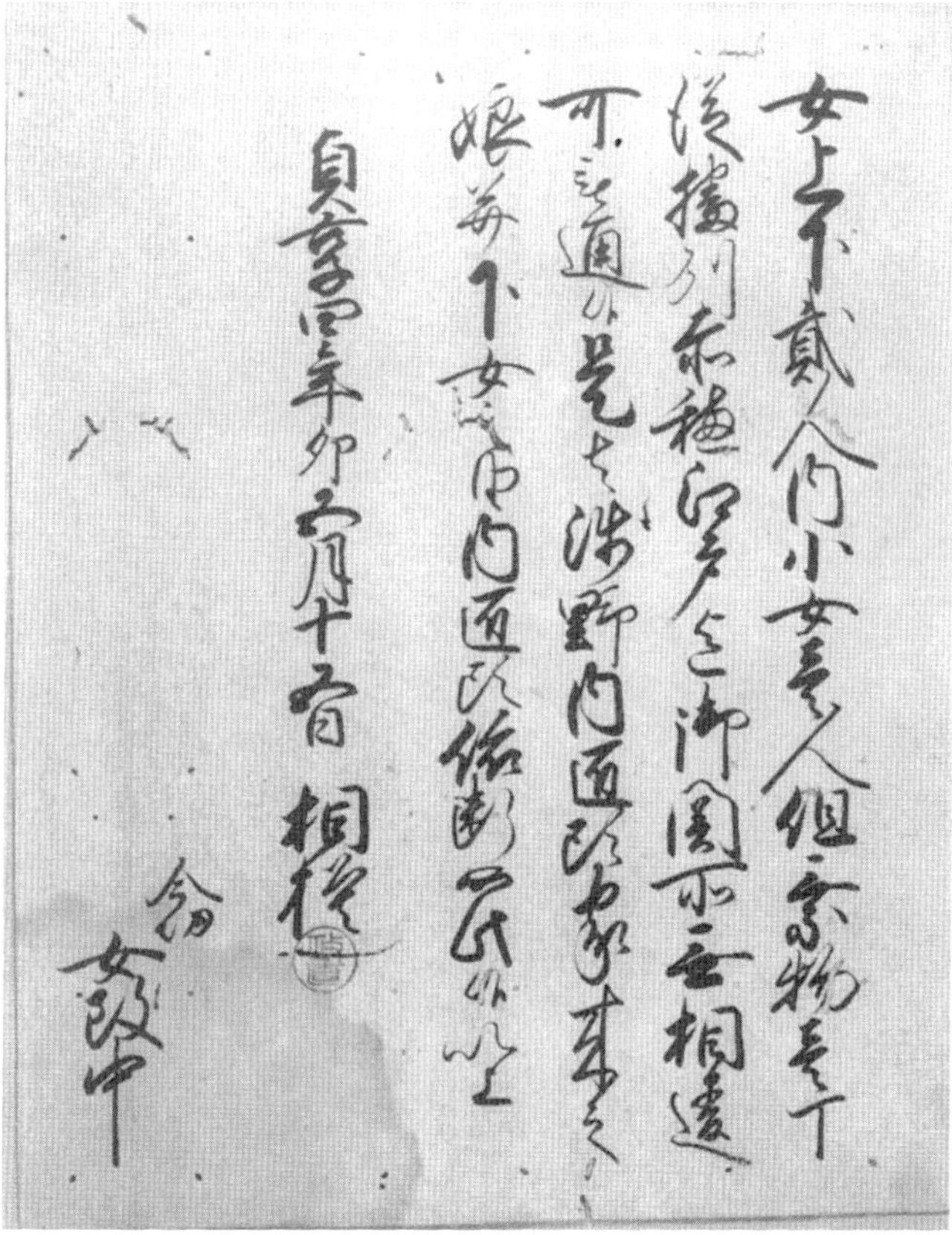

女上下弐人内小女壱人但シ乗物壱丁
従播州赤穂江戸迄御関所無相違
可被通候是ハ浅野内匠頭家来之
娘并下女内匠頭領分之者ニ候
貞享四年卯五月十五日　相模
今切
女改中

女　手　形（貞享4年5月15日）

播磨国赤穂より江戸へ下る女・小女の今切関所の通行手形。本文中の浅野内匠頭はのちに刃傷事件を起こした浅野長矩。手形発行者は京都所司代土屋政直（京都以西から江戸へ下る女性の手形は京都所司代が発行した）。

でも気がかりなのは箱根・今切の二つの関所のことである。これらの手形は、江戸を発つ前日に江戸留守居役から益本に交付されていたが、それでも箱根での女改めは厳重であった。

関所にいたりぬ。ありつる御しるし、益本もてまゐりて、かくと案内きこゆるほど、輿《こし》たてゝ待つ。こなたへとて、番する所ちかくよせたれば、そこなる人々老たる女よばせて、われも従者《ずさ》の女も、彼に逢ふべきよしのたまふなりと、益本いふにより、対《たい》面《め》しぬ。髪筋など懇《ねんごろ》にかきやりつゝ見る。むくつけゞなる女の、年老ぬれどすこやかにて、いとあらましきが、近やかによりきて、だみたる声にて物うちいひかくるも、心つきなく、いかにする事にかと恐ろし。居ならびたる人々、老女にくはしく問ひきゝて、御印《みしるし》にたがふことなしとて、益本に関とほしぬるよしのたまふ。げにいづくもあやまりなしと思ふ物から、かく威《いか》めしきあたりに立出《たちいで》ぬれば、なほいかならんと、胸つぶるゝ心地しつるに、いとうれしくて、人々よばせて過ぎぬ。峠にいたりて髪あげぬ。(「帰家日記」)

関所手形を受取った役人は、年は取っているが、元気で荒々しい改《あらためおんな》女に髪をとかせて調べさせる。改女は、女であることの確認のため乳をさぐり、全身をさわり、なまりの強い濁った声で質問をする。通女は不愉快で、このうえ、何をされるのかと恐ろしい気分になる。役人たちは、改女の老婆に細かく質問をし、手形に記載された事項と本人とが間違いないかを確かめ、通行許可をする。通女は、往路の今切関所での失敗をくりかえさないように、細心の注意を払って手形を発行してもらったものの、通行許可されるまでは「胸つぶるゝ心地」であった。峠の茶屋で髪結女に髪を結い直してもらい旅をつづけたのである。見知らぬ老婆に髪をとかれ、かき乱され、体をさわられ、厳しい役人たちの手形チェックの前でおびえた女たちは、関所改めだけで、旅の楽しさも半減したであろう。

関所破りと抜け道

関所での女改めも、江戸後期になると、やや緩和されたようで、手形に符合しない場合は、手形に合わせて着物を着替えさせるとか、手形の髪形に合わせて髪を切らせるなどして通過させることもあったという。事実、女たちの旅日記の中には、通女ほどの関所のわずらわしさを嘆いた記事は見当らない。むしろ女改めの煩わしさを避けたり、手形を所持しない女たちが、抜け道をした記録が目につく。

筑前国遠賀郡の商家の五十三歳の主婦小田宅子《いえこ》は、女友だち三人とともに荷物持ち兼、用心棒の男性従者三名を伴って一行七名で、天保十二年（一八四一）一月から六月にかけて約五ヵ月間、ほぼ三二〇〇㌔の旅を楽しんだ。瀬戸内海の船旅を終え、大坂・奈良・吉野をめぐり、三月九日、伊勢参宮を済ませた。それより足をのばして信濃国善光寺に参詣しようということになり、以後手形なしの旅が始まり、関所を通過するたびに大変な苦労をした様子を書き留めている。

> 妻ごめ村に至る。こゝなる橋のもとより女の旅する人の福島の番所をよくるぬけ道有り。奥ふかき山にてさかしき処なり、先に峠登る人のかしらをふむ様にしてのぼる心ちす。くるしき事いはんかたなし。

木曾福島の関所では、女改めが厳しかったので、手形を所持しない宅子一行は、関所を避け奥深い急斜面の山道を登って抜け道を歩いたようである。

三月二十七日、善光寺参詣を済ませた一行は、さらに足を延ばし日光へ向う。途中上野国碓氷《うすい》峠に中仙道第一の関所碓氷関所がある。

> 碓井（ママ）峠の関所をよけんとて、寅卯のかた信濃国佐久郡追分より東南をさして四里行て初戸屋《はつとや》といふ処あり、是よりしげ山をかなたこなたにつたひて岩が根蔦《つた》かづらなどをよぢつゝからきめを見てやう〳〵峠につく。（「東路日記」）

生い茂った山道を岩根や蔦かずらにすがってはい登り、つらい目にあって抜け道をしたのである。

美濃国不破郡に住む三宅嘉右衛門・八重夫妻が文久三年（一八六三）七月の善光寺参詣の折にも、あちこちの関所で苦労した様子を記録している。

せき川と申処ニ十五万石坂木原《マヽ》越後御番所、女人往来相ならず、それ故、右の宿ニて案内をとり、夜の内ニ右御番所犬くゝりをぬけ、通り行なり。（「善光寺立山参詣旅日記」）

右は越後国頸城《くびき》郡にある三国街道沿いの関川関所のことで、高田藩十五万石の藩主榊原家の管理下にあった。八重夫妻は案内人を頼み、夜のうちに犬潜りを抜けて関所を通過している。いわば関所破りであって本来ならば重罪であるが、関所役人も大目に見逃していたようである。

関所抜け案内賃

危険をともない、時には命がけの関所破りや関所抜けの女人道と呼ばれる険しい山道の案内を頼むには、それ相応の費用が必要であった。

三宅八重夫妻は榊原家管理下の市振関所では、抜け道案内料として六〇文を払っており、近江国伊香郡にある井伊家管理下の柳ヶ瀬関所では、関所があることを知らずに通りかかり、大いに叱られ、いくら断りを申述べても「ならん〳〵」と役人たちに怒り眼《まなこ》で追い払われた。仕方なく引返し、茶屋の亭主に頼んで御菓子料として五〇文を包んで番所役人に差し出し通過させてもらった。

　ありがたやとをれんところも銭次第　せき守さんも心五十か

と銭次第の関所通過にあきれかえっている。

　文久二年（一八六二）四月、山形城下に住む商家大坂屋治右衛門の母豊が、六十歳を記念してか善光寺参詣ののち、江戸へまわり、江戸市内や鎌倉見物をして約二ヵ月半の旅を楽しみ「善光寺道中日記」を書き残しているが、支払った金銭の中に、道中、関川関所で脇道案内料として一人三六文、同じ高田藩管理の鉢崎関所でも一人一〇〇文の案内銭を払っているのが見いだせる。

　出羽国本荘《ほんじょう》の商家の妻今野いとは、文久二年（一八六二）佐藤長右衛門の妻と二人の供の男たちをともなって伊勢参宮の旅に出た。その折の金銭支払帳を兼ねた道中記の中にも、関所抜け案内賃が随所に記載されている。関川関所で「女通案内ちん」として四〇文、善光寺参詣ののち、ふたたび関川関所を通るが、「夜分関川案内ちん」として三六文、市振関所で「夜分案内」代として六〇文、大聖寺《だいしょうじ》関所（石川県加賀市）の「関処《(ママ)》案内」賃として二五文を払っており、箱根では「御関所案内」として一〇〇文という、他の関所案内に比べて高い金額を支払っている。いとは、この伊勢参詣を冒頭で、急に思い立ち、世間へは密々に致しと述べているので、無手形の旅であったと思われる。そのため関所を通らず、案内をたてたり、女人道やかくれ道を通ったり、時には道中で女手形を作成してもらい、その代金として一五文や二八文を支払っている（「参宮道中諸用記」）。いとはたびたび道中で髪を結っているがその代金が三〇文前後であることから、抜け道案内料や女手形代はさほど高い金額ではなかったようである。

女手形保持や関所での女改めのわずらわしさを避け、あるいは急に思い立ったため手形が間に合わなくとも、金銭で解決する女旅も存在したようである。

女人禁制

女たちが旅の道中、足を止め戸惑わされたのが各地の神社・霊山の入口に掲げられた「女人禁制」「女人結界」の立札や石碑である。女人禁制で有名なのが高野山や大峰山の霊山であり、女たちの立入る「女人結界」の場所が定められ、女人堂が設けられた。今になおそのしきたりを残す女人禁制は、女性の月経・出産の血のけがれ意識や男性出家者の禁欲や修行のために定められた宗教上の戒律だとされている。宗教上の戒律に加え、近世では女性の社会的・経済的地位の低下にともなって女性蔑視《べっし》も加わり各地に女人禁制の札が建てられたが、危険な地域への女たちの入場を禁止するという女性保護の面も考えられないわけではない。いずれにしても参詣、登山を願う女たちにとっては迷惑な「女人結界」であった。

三島の神の御社の前に暫《しば》し憩《いこ》ふほど、女は障《さわり》がちにてえ詣でず。（「庚子《こうし》道の記」）

国学者村田春海《はるみ》や清水浜臣《はまおみ》らによって称讃された白拍子《しらびょうし》武女の旅日記の一節である。武女は女は不浄であるから参詣できないと東海道の三嶋明神の前でたたずんでしまう。

此山は女人を禁ずる霊地なれば女人堂迄いたり相ともなふ人々のみ山上へはのぼり侍る。（略）相ともなふ人々は坊にのぼり、わが身は女人堂に宿り侍る。又肥後国よりまふでしとて女人壱人是も相やどりして夜もすがらかたり明し侍りぬ。（「春日埜道久佐」）

山梨志賀子は、三男を伴って西国の旅に出た折、書写山《しょしゃさん》（姫路市）の女人堂で、一行と別れ一人女人堂に宿り、そこで肥後国熊本からやって来た女性と一夜を語り明かした。

此所《ここ》より奥の院は女人禁制なりければ、行くこと叶《かな》はず、十五丁まで行ば比丘尼《びくに》石といふ所に女人堂あり。（「上京日記」）

黒沢ときが上京の途中戸隠山に参詣した時も中院の先の女人堂の前で足留めされた。女人堂のそばには結界を越えようとした女性が化したとされる比丘尼石もある。さらに越水ヶ原には女人結界を示す道標もあり寛政七年（一七九五）に建てられた女人禁制の石碑には、「右奥院中院両道女人結界」「左中院江之女人道」と刻まれてあったという（『戸隠村における金石文』）。

川越・川留

「箱根八里は馬でも越すが、越すに越されぬ大井川」とうたわれた駿河の島田と遠江の金谷の間の大井川の渡《わたし》は、東海道の難所であるばかりでなく、川越《かわごし》の難所の代表的なものであった。

京都岡崎に住んでいた俳諧師諸九尼《しょきゅうに》は明和八年（一七七一）、芭蕉の跡を慕って奥州行脚に旅立った。五十八歳の諸九尼にとって大井川の渡は念仏なしには越えられなかった。

菊川もほと過て、大井川にいたりぬ。此ほどの雨に水高く、きのふまで渡しもとまりけるが、けふなん川の口あきぬるよし、聞もうれしく、いさわたしといへは、おかしく作りたる台にかきのせ、人あまたしてかつぎ行、肩の上に波打こして、あやふくおそろしく、いきたる心地もせで、目ふさぎ念仏申すうちに、わたり果てぬ。（「秋風の記」）

諸九尼は川留《かわどめ》の明けた日に出合わせた幸運を喜んでいる。川留になると参勤交代の大名一行をはじめ、一般旅行者たちが島田・金谷や近辺の宿場にあふれ、雨期となると一〇日以上も川留にあい、旅の日程も狂い、費用もかかり「越すに越されぬ大井川」を前にして思案にくれたのである。諸九尼の言う「おかしく作りたる台」とは輦台《れんだい》のことで、並台・半手すり・四方手すり四本棒などがあり、四方手すり四本棒は普通大名たちが用いた。輦台のほかに肩車越があり、どちらも川越人足によって行われた。大井川の常水は二尺五寸（約七五チセン）とされ三尺五寸（一〇五チセン）で馬越留、四尺五寸（一三五チセン）で歩行越留とされていたが、恐ろしいのは川の水量だけではなく、常水以下の浅瀬もまた飛鳥のように駆けて渡す川越人足の早業に肝《きも》を潰《つぶ》される思いのするものであった。

未《ひつじ》のさがり大井川を渡る。げにや海道一の大河と聞きしようも猶《なお》おそろし。此ほど水あせて只一つなれど、広々とはて無き河原に、鬼にひとしきをのこども、皆赤裸にてひしとより来て、縄もて輿をくる〳〵とおし巻きて、高う擡《もた》げて、えいや声を出して、水もなき河原を、飛鳥かなにぞの様にかけり行く。なべて身はうつゝのごとくにて、頭も足も所をかへつゝ、目くるめき息とつきあへず、かく苦しきを、をさなき者どもいかになるらんと思へどせんすべなし。（略）やがて向ひの岸に走りあがりて飛行くと思ふに、くる〳〵まはして、肩より押落されたる、百丈の巌頭より、さかさまに落懸かるとぞ思ひける。渡果て、女方皆顔の色真青にぞ有るを、人々笑ひのゝしる。（「旅の命毛」）

土屋斐子が大井川の川越をしたときの感想であるが、鬼のような川越人足の、からかっているかとも思われる荒々しい行為に、女や子供たちは顔色を変え、息もできないほどの恐ろしさにふるえたのである。

風待ち・船酔い

増水した時の川留と同じように、船旅でも風向きを待って、港で何日も滞留することがしばしばあった。藤木いゝちが筑後国久留米藩家老岸家へ嫁ぐため瀬戸内海を船で下った折にも、風向きが悪く周防国室積の港に一〇日間も風待ちのため滞在したことは前に述べた。やっと風が出て出発したものの冬の海は波が高く、みな船酔いして名所の多い瀬戸内海の景色も眺める余裕などなく、船底で横になっていた。

日向国佐土原藩主島津久雄《ひきたか》の後妻興正院は、久雄没後六年目の寛文九年（一六六九）、幕府の許可を得て実家の鹿児島へ帰った。九月初めに江戸を出発して、東海道を下り、京都周辺を見物した後、大坂から船で瀬戸内海を西下したが、その折の旅日記「あづまのゆめ」の中に、風待ちや船酔いの苦しさが随所に書き綴られている。

廿日、有明の月に船をいだし、いよのうちニますへしほかかりして又おはせけるに、風はげしく吹出て浪たかく、船はうきぬしづみぬ行。舟こゝろあつしくなり、たえ入ぬべくおぼへけれども、心にまかせぬ船路なればとまるべきつなてもなく、からうじて豊後のうちさがの関にたどりつきけり、舟ごゝちあしかりければ、あまのとまやをかりてうつる。女ぼうたち、あとや枕にふし、けふのあら浪に舟あやうくもいのちもかきりにやとおもひける、などひとり〴〵いひ出ければ、我もさこそおもひつる。

（「あづまのゆめ」）

潮時を待って船を泊めながら伊予灘を進みやっと豊後の佐賀関《さがのせき》に到着したものの、船酔いのため漁民の小屋を借りて横になり「今日の荒波で、命もこれまでかと思いましたよ」と侍女たちが語り合うのを聞き興正院も同じ気持であった。

日高蔦子が大坂へ向う船中でも、伊予の松山をすぎたあたりで、追風ではあったが、波が荒く、同船の船酔いした女が「これはどうなることでしょう、どこの泊でもよろしいので急いで漕ぎ寄せて下さい」と泣きさけんだ。船酔いをともなう船旅の苦しさの前で女たちはなすすべもなかった。

病気・客死

庶民が旅に出る場合には、関所手形とは別の身分証明書ともいうべき往来手形を所持したが、そこには住所と名前、女性の場合は誰々母・妹などの続柄を記したが、その中に決まり文句として、行き暮れた場合には宿屋の世話と、もし万一病死した場合は御慈悲のうえ、その所の作法によって葬《とむらい》下さるようにとの依頼がしてあり、中には国元へ通知するに及ばないとの付け足しもあった。
先の諸九尼は、奥州行脚の途中、仙台で四〇日ばかりも床に就き、病の苦しみに加え、心細さと故郷恋しさに悩まされた。幸い知人や医者の手厚い看病のお蔭で命を取りとめたが、あやうく命を落とすほどの大病を経験した。

日にそひていたつき重くなりて起居もくるしく、さらぬだに覚束《おぼつか》なき老の身の、三百里の遠きにたどり来て、いくべきとも覚へず悲し。（略）

吹来る風はいづちよりととへば、西なん吹といふに、そゞろに古郷のみ恋しくおもひやられて、月のかたぶく迄詠《ながめ》ぬる。（「秋風の記」）

岡田士聞の妻小磯氏も、松前より任務を辞して京へ帰る途中、同行の者が病になり、陸奥国福島で七日間滞在し、医者を頼み看病に明け暮れ、「猶《なお》同じ様にてなすわざささへもなければ唯《ただ》旅のうさをぞ嘆きぬ」と途方にくれた。
備前国早島の尾池松子は結婚して男女二人の子を産んだが、婿に迎えた夫は人に謀られて財産を失い、妻子を置いて家を出た。松子は家を守り子供を育て、子供が成長したのち、日本廻国の旅に出て西国三十三ヵ所の霊場を巡礼し、さらに蝦夷地へ足を延ばし一年ほど滞在して帰途についた。出羽国大館まで来た時、病にかかり、宿屋の主人に手厚い看病を受けたが、その甲斐もなく文化六年（一八〇九）十一月、五十有余年でこの世を去った。客死した旅人は、その地に葬られ、故郷への通知はされないのが普通であったが、領主佐竹家の好意によって郷里に知らされた。男子伊兵衛は月日をかけて母の遺骨を迎えに大館へ向い、宿屋の主人らに好意を感謝し、松子の遺骨と遺髪、それに松子が書き残した旅日記と詠草を携えて帰郷した。しかし、その旅日記も詠草も残されておらず、なぜ松子が蝦夷地へ足を踏み入れたかはなぞのままである。松子の唯一残された歌一首が『類題吉備国歌集』（嘉永元年、一八四八、松田山田球選）に収められている。

文化四年秋蝦夷にありて

青海原こゝろにかゝるくまもなし　えぞが千島の秋の夜の月

子を育てあげ、一子に家を継がせて父親の名伊兵衛を名乗らせ、一女を嫁入させ、なすべきことをなし終えた松子は満足感にひたり、壮大な青海原の広がる千島の地に立って、何の憂いもなく晴々した思いで澄み切った秋の月を眺めたのであろう。松子は苦しい人生を歩み終え、困難な長旅の終点での壮大なすがすがしい思いのこもる歌一首のみを残して、人生の苦しみも旅の苦しみも語ることなく世を去った。しかし、この一首によってわれわれは、松子が当時の女性たちには及びもつかない壮大な旅をしたことを知り得るのである。

旅の楽しさ

未知の世界の体験

難儀なことも多い近世の女たちの旅であったが、それ以上に旅は女たちにとって楽しい経験であった。日ごろ、人びとから聞いたり、案内書で読んだことを、自分自身で体験することは大きな喜びであった。名所旧跡、寺社参詣だけでなく、山越え、野越え、峠を越え、馬に乗り、駕籠に乗り、野を歩き、海辺で貝を拾い、船に乗り、瀬戸内海を蒸気船で走り、宿屋に泊り、茶店でお茶を飲み、買い物をし、あらゆることが新鮮な体験であり、故郷の中では体験できないことであった。

四季の草花や鳥の声などすべての風物は本で眺めるのとは異なり活き活きとして映った。それらを五感で受けとめ、部屋の中で詠む詩歌句とはまるで違った感動で、実感のこもった歌を詠んでいる。

露むすぶ草のまくらのわびしさを　忘るばかりのひぐらしのこゑ

かけおきし此《この》からぎぬのぬしとへば　われぞと名のる蟬の声かな（「伊香保記」）

寛永十六年（一六三九）、世は島原の乱で大騒動しているころ、豊後国岡城主中川久盛妻は、伊香保の山里の景色の勝れていることを人に聞き、武蔵野の千種《ちぐさ》の花も見たいと伊香保へ旅立った。途中の武蔵野の原で、ひぐらしの声に旅のわびしさを慰められ、蟬のぬけ殻を見つけて、勢いよく鳴く蟬と対話を楽しんでいる歌は、座敷に坐っていては作れない自然の中でこそ詠めた歌である。

北陸地方をはじめ、関西・関東各地を旅した加賀国松任の俳人千代女は、ほとんど旅日記を残しておらず、その句によって旅先を追うしかないが、宝暦十二年（一七六二）、六十歳の折、松任より四〇キロほど離れた吉崎御坊の蓮如忌に参詣した折の短い句吟集がある。

よし崎まふでけるその嬉しさ有がたさのあまり、まづ御場よりはいしたてまつりて

うつむいた所がうてなやすみれ草

ここへ参詣し、頭をたれた時、仏と自然（すみれ草）の広大で、無限の包容力をさとり、暖かい恩恵に浴し、居心地のよい台《うてな》に坐っている己を知り、有難さに感動したのであろう。

旅をし自然に接し、座すべき所に鎮座する仏の前でこそ感応する体験である。

　長門の菊舎尼が、七十四歳の人生のうち四〇年以上の年月をすごした旅の途上で、俳諧・和歌・漢詩・書画・茶道・琴曲を、その道の達人から積極的に学びとり、旅を人生の道場として人生を豊かにしていったことは前章で述べたとおりである。

旅の中での学び

　菊舎尼だけではなく、旅の目的が修業であった人びとは皆、旅が娯楽の場ではなく修業の道場であった。自然に学び、各地で出会う師や雅友たちと交って己の技を磨いた。特に俳諧の世界では、各地の俳諧仲間を訪れて歌仙の座に連なり、初対面の俳友たちと連句という精神共同体の世界を構築していく作業に積極的に交わり、他者を自分の中に取り込み、自分を他者に預け他者一体の世界を築くという高度な精神集中を必要とするものであるだけに、日ごろ親しんだ仲間とは違った環境にある人びととの交りは、より大きな修業であった。それゆえに、多くの俳人たちは、遠方をいとわず旅に出て修業を積んだのであろう。

　武蔵国町田の名主の娘五十嵐浜藻《はまも》は、文化三年（一八〇六）、三十三歳の時（多少の疑問が残る）、父梅夫とともに四年がかりの西国行脚の旅に出て、長崎・筑前小倉・山鹿・備後庄原・備中笠岡・讃岐小豆島・近江平松・尾張などで、ほぼ一〇〇席の座に加わって歌仙を巻いている。そのうちの女性ばかりの一八巻を「八重山吹」という歌仙集にして文化七年（一八一〇）に版行した。

文芸的なものだけでなく、女性たちは歩くことによって距離感を体得し、宿賃や船賃を払い、物を買うことによって物価を知り、旅先でたびたび為替や金銀銭の両替《りょうがえ》のための両替賃を支払うことなどによって経済観念を身につけた。また、女手形を買ったり、関所の抜け道案内賃を払うなどにより、世の中の交通のしくみなども知り得た。

交友関係の広がり

旅に出るとさまざまな人びとの交りを経験する。各地の風雅の友だちとの交流は目を見張るものがある。一人の友を訪ねると周囲の同好の友が集まって来る。座がもたれ、一座の人の紹介で次の土地の風雅の友が紹介され、広い交友の輪が広がる。

出会った人びとの国や町、村名と氏名・字・号などを書き留めた交友録を残している者もいる。

前章で述べた原采蘋は「金蘭簿」という交友録を残している。そこには一三〇名の人名や寺の名が記されてある。掛川藩儒学者松崎慊堂《こうどう》、佐賀藩儒学者古賀穀堂《こくどう》、その弟の侗庵《どうあん》、林家塾頭の儒学者佐藤一斎ら儒学者を中心とした赤穂・姫路・加古川・明石・駿府の人びとのほかに阿波・肥前・久留米藩など各藩の儒者が記入されている。文頭に文政戊子孟春（文政十一年、一八二八）とあるところから、采蘋三十一歳の折の、中国路をへて京・江戸へ向ったころの友人関係であろう。この後の江戸滞在中の友人や房総漫遊や六十歳前後の九州各地を漫遊した折の交友関係をあげれば、その数は「金蘭簿」に記入された数の数倍になるであろう。

京都で生まれ、その出身も行動も謎に包まれている幕末の歌人中山三屋《みや》も、若いころから西国や近畿地方に尼僧姿でよく旅をしているが、三屋もまた「人名覚」と書いた交友録を残している。その中に記載されているのは、西国を中心とした各地の著名な学者や神官・僧侶・豪商・藩士であり、彼らのほとんどが歌人や詩人であり、また地域における勤王家のリーダー的存在の人が多いことから、三屋の旅がある目的、つまり情報を集めて、しかるべき人に通報する役目を持ったものではなかったかと考えられる。「人名簿」の中には薩摩藩士で桂園派の歌人であり、後の御歌所長となった高崎正風《まさかぜ》、同じく桂園派歌人で同藩士の八田正紀、同藩士の小松帯刀《たてわき》・大久保逸（一）蔵（後の利通）、長州藩士の山県小助（後の有朋）・楫取素彦《かとりもとひこ》、津和野藩の藩校教師で志士の福羽美静《ふくばびせい》ら各藩の代表的な勤王家の名前が並び、その数は四〇〇名以上を数えることができる。

旅の中ではこうした特定の人びとではなく、宿屋で同宿した人びと、親切に面倒を見てくれた土地の人びと、道連れになった人びとなど、数知れない出会いがあり、交友が生まれた。

日常生活からの脱出

健康と気力と自分の足が頼りの近世の女の旅は、時には自分自身の判断力を必要とし、貞婦・孝女であるだけではすまされない場合も生じる。女訓書等によって日ごろから教え込まれる貞婦・孝女は、主として家庭の中での教えであり、一歩外へ出ると通用しなくなることもある。旅の中では、貞婦・孝女を脱出し、新たな生き方をせまられる場面に直面することもしばしばである。同行者との共同生活は新しい人間関係をうみ出す。風雨や雷、山や川、峠、険しい山道など自然との闘いもある。それに対処していかねばならず、そこでは女訓書の教えはたいした役にはたたない。

女たちは貪欲なまでに各地を歩き見物し、自分のために時間と費用を費やすことを経験する。旅の中で、人に従って生きるのではなく、自分のために生きる時間を見いだし、自分を見つめる機会を持つことができた。そうしたなかで新しい自分を発見し、生きている実感を強く持ったに違いない。

時には世のわずらわしさを避けて、姿を変えて尼僧となったり、男装をして旅をつづけることもある。それは、まさしく別の自分を造り出し、日常性を完全に脱出できる。旅の中では毎日が家政や日常生活から離れたハレの日である。

日常性を脱した旅の中で、日ごろは思いあたらない物事のことわりにも気づく。

土屋斐子は、駿河国府中を訪れた時、ここはかつては駿河国の国府であり、家康が二代将軍秀忠に職をゆずって大御所として晩年をすごした所であるだけに、国中が豊かに感じられ、木立や家もいかにもその土地にふさわしく、青々とした麦畑は遥か遠くまで打ちつづき、前日目にした箱根の山間の狭い山畑を耕す貧しい農民と、眼前にする豊かな広大な土地を耕すうるわしく声につやのある農民とを対比して深く感じとるものがあった。

実《げ》に国の広狭《こうきょう》、人の厚薄浮沈も、又これと彼との民の異《い》ならむ、よろづ天爵《てんしゃく》とか云《いう》もの有りてぞ、人の一世《いっせ》は定め有れば、おのれが好悪《こうお》もて動くまじきわざぞかし。よろづ天の理《ことわり》に任せて、嘆くまじき事をや。（「旅の命毛」）

国の土地の広さ狭さも、人の幸・不幸も、箱根の農民と府中の農民の生活の違いも、すべてその人に自然にそなわったものがあって、人が勝手に動かせるものではなく、すべて天の道理にまかせ、嘆くものではないとの人生観を述べている。「女子には珍らしく学問ありて、性質猛き人」とも、「夫妻の仲むつましからぬよし」「学者故《ゆえ》少々尻にしきたる成べし」と悪評の斐子は、漢詩にも堪能で、物事の究理をも極める人であったので、いささか男まさりの面もあり、男性にとっては煙たかったのであろう。斐子は暗黙のうちに女であることの窮屈さを諦観して、「天の理に任せて嘆くまじき事をや」と己《おのれ》にも言い聞かせているようである。

旅の中で知る夫婦愛

夫婦で旅に出た際の、夫婦別々の旅日記もあり、夫婦共同の旅日記もある。筑前福岡の儒学者貝原益軒《えきけん》・東軒夫婦はともに諸国を旅してまわり膨大な紀行文を残しているが、多くは東軒の内助の功によって書かれたものであるといわれている。

俳人・国学者・読本作家・画家として著名な建部綾足《たけべあやたり》は、二十歳の時に兄嫁と密通して津軽藩家老の家を飛び出し、以後行脚生活をつづけたが、晩年妻きつを伴っての諸国遍歴の生活では、きつは諸国門人との連絡や、旅日記・随筆などの筆記など綾足の秘書的役割を果たした。二人の大和・宇治の旅の「梅日記」、吉野の旅の「さくら日記」、伊勢詣での「卯の花日記」、綾足最後の旅となった安永二年（一七七三）の京都・信州・上州・江戸の旅の「東の道行《みちゆき》ぶり」などがあり、「東の道行ぶり」にはきつの手になる綾足終焉記や一周忌追悼歌も加わり、まめやかな夫婦の愛を感じさせられる旅日記である。

そらにあふぎうちにふしつゝひさかたの　天行人をとゞめかねつも

綾足が息を引きとった夜の明け方、まどろむ中で見た元気な綾足をふたたび現実の中で見たいと天に仰ぎ地に伏して拝んでも、天に登っていく人をとどめるすべもない悲しみに、きつは打嘆いたが、一時も離れず寄り添って暮した旅の数年を思って心慰め一周忌を迎えるのである。

能登半島の黒島村で廻船業を営む俳人の森岡玞卜《ふぼく》・文遊《ふゆう》夫妻は、安永五年（一七七六）、頭陀袋《ずだぶくろ》に杖を曳《ひ》いて風流の旅に出た。近江国大津の義仲寺《ぎちゅうじ》にある芭蕉の墓に詣で、京都の名所をたずね、近江八景をめで北国道をへて福井へ向い名所旧跡で息の合った句を吟じている。

から崎

唐崎や昼も時雨《しぐ》るる蟬の声　玞卜

ふうわりと松にもたるる月すゝし　文遊

（「俳諧袖みやげ」）

江戸時代随一の歴史物語作家荒木田麗《あらきだれい》は、伊勢神宮の神職であった叔父の養女となり、婿養子家雅《いえただ》を迎えたが、家雅は麗女の才能をよく知り、麗女の創作活動を支えた。夫妻は貧しい家計ながら、ともによく旅をし、名所旧跡をたずね、各地の知識人を訪問して麗女の文才を磨いた。安永六年（一七七七）、麗女四十六歳の時、京都・吉野・奈良を訪れて、「初午《はつうま》の日記」を残し、天明二年（一七八二）、麗女五十二歳の時には、大和・京都・播磨を訪れ、「後午《のちのうま》の日記」を書いている。荷物持ちの従者《ずさ》を伴う費用を節約して、二人で荷物を分け合って持ち、麗女は前に掛けた袋の中に、つげの小《お》ぐし・鏡・たとう紙・糸・針・たき物などを入れ、雨具を背負い、質素な旅をつづけた。帰る日を故郷の人にも知らせず、従者のいない質素な旅を人に見られるのも恥しく夜に入って帰宅するというほどの倹約の旅でありながら、一ヵ所でも多く見物して詩歌を詠み、一人でも多くの知識人と出会うことを目的とした夫婦の旅の内容は、たいそう豊かなもので、そうした旅を支える家雅の大きな愛情が旅日記の中から感じ取れる。

足を痛めた妻を背負って旅をつづけるなど（「南都京都大坂順礼道中一見日記」）、旅日記の中には随所に夫婦の温かい愛情を垣間見ることができる。旅の中で、お互いに日常では経験することのない深い夫婦愛を感じ取ったことであろう。

旅の中での見聞

名所旧跡

ひとたび旅に出ると女性たちは日程の許す限り、日ごろ耳にする多くの名所旧跡を訪れている。近世の旅は、たいてい、朝は暗いうちに出発し、夕方は早目に次の宿へたどり着くようにしていたが、私的な旅の場合は日の暮れるまで歩きまわることもあった。目的地はもちろんのこと道中も旧跡に立寄って昔をしのび、船旅であってもわざわざ船を港に寄せて旧跡を尋ねまわっている。立寄れない場合は、遠くからでも旧跡に心を寄せ、訪れることができないのを心残りに思いつつ旅を進めている。歌人や俳人たちは、名所旧跡に立寄って歌や句を詠むことを旅の大きな目的の一つにしていた。

江戸で御畳方御用達を勤める中村仏庵の妻いとが従者を含め数人で、文政八年（一八二五）伊勢詣でに出かけたときの旅日記「伊勢詣の日記」から立寄った名所旧跡を拾ってみよう。

（三月十四日）江の島参詣、山めぐり　（十五日）大磯、西行庵　（十六日）箱根越え、関所通過　（十七日）三島明神参詣　（十八日）富士山見物、興津の清見《きよみ》寺、三保の松原、大野村竜慶寺で名高いそてつさぼてんを見る。武田信玄の武将山本勘介ゆかりの久野山参詣　（十九日）大井川の川越（二十日）中山観世音参詣　（二十二日）岩屋観世音　（二十四日）熱田神宮参詣、名古屋で狂言「浜名騒動」を見る　（二十七日）白子《しろこ》の観音堂

（四月一日）宮川の渡し、二見浦　（二日）伊勢神宮参詣、おどり見物　（三日）朝熊山に参詣、虚空蔵御宮へ参る。外宮へ参詣。雨の岩戸などめぐり　（十日）長谷寺、三輪明神参詣、業平の古跡、人麿塚、奈良興福寺五重塔、春日神社若宮神社参詣、鹿見物　（十一日）二月堂、大仏殿、法花院、西大寺、法隆寺宝物拝見、聖徳太子木像、夢殿、西の京竜田神社　（十二日）当麻寺《たいまでら》、中將姫が当麻寺で出家して蓮糸で織ったという曼陀羅、二十九歳の木像、尼の庵、飛鳥明神、岡寺、高田門跡、女人禁制の塔の峰へ女人道をまわって登る。吉野へ　（十三日）男は大峰山へ、女人禁制で女は行かない。吉水寺で義経の駒つなぎ松・弁慶の力石・後醍醐天皇の木像・義経の弓矢かぶとなどの宝物を見物。蔵王権現　（十四日）蔵王蔵の役行者《えんのぎょうじゃ》の木像見物　（十五日）高野山へ男だけ参詣（十七日）紀州へ。和歌山城下、紀三井寺参詣。布引の島、玉津島明神、和歌三人の御社参詣。根上り松　（十八日）たいの瀬へ　（十九日）堺、清明の稲荷、浜寺、妙国寺蘇鉄《そてつ》、住吉明神、天下茶

屋（二十四日）明石人丸神社（二十五日）丸亀、金毘羅参詣（二十七日）糸崎の八幡宮、竹原の住吉明神
（五月二日）宮島へ、奥院、地蔵尊弘法大師、不動尊、滝宮大明神、愛染明王堂、白糸の滝、岩谷薬師、平宗盛の建立した白銅の釣鐘、本堂千畳敷、廻廊の額百人一首（三日）岩国錦帯橋（五日）備後の福山城下（七日）室へ上る。早崎明神（八日）姫路、曾根の松、石の宝殿、荒井大明神、相生の松、尾上の鐘、青銅の亀、浜の宮天満宮巣ごもりの松、手枕松《てまくら》（九日）舞子の浜松、敦盛の墓、須磨、須磨寺宝物見物、青葉の笛、敦盛の木像（十日）西宮広田大神宮、木船明神参詣（十二日）大坂、天満《てんま》天神、大坂城、阿弥陀が池、天王寺、高津の宮、幾玉明神参詣（十四日）京都、栂尾明神《とがのお》、八幡《やはた》八幡宮、宇治、平等院、黄檗山万福寺、伏見六地蔵、藤の森、東福寺、三十三間堂、大仏堂釣鐘（十五日）紫野大徳寺、金閣寺、平野明神、北野天満宮（十七日）熊野神社、吉田神社、真如堂、黒谷、南禅寺、智恩院、八坂の塔、清水寺、音羽滝、御影堂（十八日）三井寺へは男性のみ。石山寺、紫式部が『源氏物語』を書いた硯、瀬田の唐橋、草津（二十日）関ヶ原、白旗山、山上に竹中半兵衛の屋敷（二十一日）大垣城、岐阜城金華山、犬山城（二十二日）太田の渡し、十三峠、西行法師の墓（二十三日）馬込峠、妻籠峠（二十四日）寝覚、福島の関所
（二十五日）鳥居峠、奈良井宿（二十六日）桔梗原、武田信玄の軍師山本勘介の城跡、松本城下、浅間温泉（二十七日）青柳切通し、百観音、立峠（二十八日）川中島渡越、善光寺開帳参詣、戒壇めぐり（三十日）浅間山下、浅間原、追分、沓掛
（六月一日）碓氷関所、権現様御宮、仁王熊野権現（四日）江戸着

ほぼ八〇日かけての、一日二〇キロ前後という比較的のんびりした江戸からの伊勢詣での旅である。右に見てきたような名所旧跡をたずね、いとは大満足している。

伊勢まうでよし野たつたに須磨あかし　安芸もさぬきも見てきそ路かな

と、行きは東海道をへて伊勢詣でを済ませ、それに加えて吉野・奈良（竜田川は奈良にある）・須磨・明石・安芸の宮島や讃岐の金毘羅山詣でまで終えて、帰路は木曾路を通って無事旅を終えた満足感を一首の歌にこめて旅日記を結んでいる。

各地の名物

旅に出た女たちは、日ごろ目にしない各地の名物・産物に目をとめ、味わったり、みやげとして買い込んでいる。女たちの目にとまった名物を旅日記の中から拾い上げてみよう。

東海道の名物では藤沢の鮑《あわび》、貝細工、吉原と蒲原の間で栗の粉餅、延岡藩主の母充真院は「どの様なるかなと思ひしに餅にくりのこを付たるつまらぬ品也」とがっかりしている。しかし、ここでめのう水晶細工を買い求めている。また興津では名物として有名な鯛を沢山買い込んだ。江尻と府中の間の小吉田の桶すし。安倍川のきなこ餅。佐夜中山の餅《もち》飯《い》飴《あめ》、これは老を養う薬という。飴の餅ともいい、薄い丸餅の中に水飴を差し込んだもの。岡崎の先の大浜のそば。池《ち》鯉《り》鮒《う》の金物細工。東海道第一の名産といわれる有松の絞り木綿。充真院は金物細工や絞りをみやげ物として買い求めた。桑名には誰でも知っている焼蛤《はまぐり》がある。名物にうまいものなしと言われるようにこの焼蛤もあまりおいしい物でなかったのか「桑名の焼蛤をたべし所、兼て風味よくと聞しかどあまり宜敷《よろしく》もなく」との充真院の感想である。近江の逢坂の関、美濃の不破《ふわ》の関、鈴鹿の関とあわせて三関といわれているが、鈴鹿の関は、関の地蔵として名高い。ここに関の戸餅があるが充真院は「小休にて関の戸餅たふべ、此品こゝ迄の名物の内にて一番よく」とべたぼめしているが、空腹で甘いものが欲しかったためであったらしい。水口《みなくち》にはつづら籠《かご》、釜敷、笠などの編物や水口煙筒《きせる》などの小細工物。土山の名菓あけぼの。草津のひょうたんと有名な姥《うば》が餅《もち》、江戸の中村いとは「草津名物うばが餅味はひよし、ひとゞくも狂し食ふ、くさそうに見えしくさつのうばが餅くふてはうましとんだ上ひん」と上機嫌で食べたが、例の充真院は「名物うばが餅との事ゆゑ申付たべし所風味ひとゞくはよしといへど水ぽくてたべられまうさず候」と口に合わなかったらしい。大坂では虎屋まんじゅう。

その他の土地の名物として、関西地域では京都の短冊、清水寺のそうめん・ところてん、三輪そうめん、和歌山城下の雀ずし、奈良三笠山麓の角細工、中国路では舞子の敦盛そば、明石焼、備前焼、備後ござ。充真院はこの備後ござも「よきのは皆江戸廻しになり無《なき》との事ゆゑ致し方なく悪《わるく》とてなきにはまし」と買い込んでいる。

充真院は伊予の石に大変興味を持ち、伊予の下苗へわざわざ小舟を漕ぎよせ、いろいろの石を取って来て「本舟板の間へならべ見し所どれどれも青石おもしろきかたち悦ぬ」と満悦している。

女たちの目にとまった名物は、その場で消費してしまう食べ物が多い。みやげ品などは道中の荷物になるので、大名家の女たち以外は買い込めず、自然と興味を持たなかったのであろう。

人びとの生活振り

女たちは各地で目にした人びとの生業《なりわい》に心をとめ、温かいまなざしを向けている。

此峠に家有り、数七八軒も有るべくみゆ、木曾川は左にながれたり、遠方の里をとへばこれなん広瀬村なりと云、道の傍なる家より出ると見れば世の人にもにず髪は只に打みだれて男女のかたちわきがたくやれたる衣をかつぐ〳〵身にまとひたり、今ひとりは大きなる紋付たる古衣を着たり、袂をぞみじかく腰肩あらはれたり、家の業は櫛《くし》を作りて世渡りとす（略）

中に四十あまりの女ひとりをる、しばしこし打かけたるに櫛を出してかへといふ、あたひをとへばいと〳〵安し、田畠なければかやうの物を作りて世わたりとするよしかたるを聞て哀におもひてみな人一ッ二ッをかひぬ（「東路日記」）

筑前国底井野の商家の主婦小田宅子が天保十二年（一八四二）伊勢参詣ののち、足を延ばして善光寺へ向う途中に見た木曾路の人びとの生活振りである。天保の大饑饉の影響もあってか、男女とも見境いのつかないぼろを身にまとい、手作りの安い櫛を売る女たちに宅子は旅を楽しむ豊かなわが身と比べて同情したのであろう。宅子はまた、小竹の実を取って食物とし饑饉の二、三年をすごしたという話を聞いて心を痛め、旅日記にそのことをしっかりと書き留めている。

武蔵国川越藩主松平直侯《なおよし》の妻慈貞院は慶応四年（一八六八）閏《うるう》四月、江戸の万一の場合を憂慮した実父の佐賀藩主鍋島直正《なおまさ》のすすめで、体が弱いこともあり肥前武雄の温泉へ転地療養を名目として佐賀へ国帰りした。道中、京都に滞在していた父直正に旅の慰めともてなしを受け、父とともに京都に遊び、宇治の平等院にも行き、その帰途茶摘みを見物したいそう興味をそそられている。

賎のめが髪のかざりきよらかに、よき衣きて世にいふ茶つみてぬぐひといふもの帯のあたりにおなじさまにはさみて茶つみをかしきふしにうたふこゑす、ふしもみだれず声あはせてうたふさま何にたとへむ物もなく絵にかけるより中〳〵み所あり（「松の雫《しずく》」）

日向佐土原藩主島津忠徹《ただゆき》の妻随真院が、文久三年（一八六三）三月、江戸を発ち佐土原へ向う途中、肥後国山鹿《やまが》を通過する際、小雨の中で田植えをする農民に心をとめ感謝の歌を書き留めている。

山鹿を立けるに、雨になり道はかどらず、されど清正公へ参り、道殊《こと》のふ難所なれど、昼比《ごろ》より雨も小降りにて、行〳〵賤が手わざのいとまなきを見て

植ゑ渡す千町の早苗はるぐ〳〵と　見るにも賤が恵をぞしる

（「島津随真院道中日記」）

道中、宿場や三都で女たちの目にとまったのが茶屋女・飯盛女たちの振舞いである。

茶屋女・飯盛女

山田音羽子は山形から館林への国替道中の宿場で、茶屋女や飯盛女たちに興味を持ち、その立振舞いの姿を何枚もの絵に描いている。

国境の金山峠を越え、七ヶ宿《しちがしゅく》の滑津《なめづ》で昼食のために一休みした折、三十を少し越えたと思われる茶屋の女房に心をひかれている。

飯盛女（山田音羽子「道中記」より）

鼻すじとをり、せい高くおうよふなるが髪はくる〳〵まきに、身にはみぢかき津〻れを着たれども、立ふるまひの卑《いやし》からねば、よき衣きせて見まほしくなどいうて、誰もかくこそあらまほしく覚えて、我祖父なる嵐羽《らんう》うしのなされたる発句《ほっく》にも有けるや

つくろはぬ花の姿や山ざくら

とありしは、此おうなのたぐひならん

身にまとう着物は質素なものであるが、立振舞いが、下品でなく誰もこの女房のようにありたいと、そのつくろわない姿を亡祖父の句を思い出して、名も知らない山に咲く山桜の美しさにたとえて好ましく感じている。

小田宅子は、江戸で昼間の新吉原に見物に行き、おいらん道中を見てその美しさ華やかさに目を見張る。

おいらんとかいひて大傘さしかけさせて両わきにかむろ其外あまたの供をつれたるが茶屋〳〵にあゆみいるさまいと〳〵うつくし

見るだにも心うかるゝ面かげを　たが河竹のしづむといふや

見ているだけで人びとを楽しい気分にさせてくれる、これほど美しいおいらんを、世の人は〝河竹の流れの身〟と言って浮沈定めない遊女の身をさげすむが、人びとをこんなに

浮き立たせた気分にしてくれるではないかと、宅子は抗議しているようである。

筑前国福岡藩士野村貞貫《さだつら》の妻望東尼《ぼうとうに》が、夫なき後の文久元年（一八六一）、五十六歳で初めて上京した折に下関で船に乗った時、浮女《うかれめ》が坊主頭の望東尼まで身を売ろうとして寄って来た。

うかれ女《め》どももあまた乗りたる舟、いくらともなくきて、身をうらんとしたる様《さま》いとあさまし。この夜は舟いでずて乗合のひとびとは、陸《くが》にあがりて遊ぶ。のこりすくなきに、数多《あまた》いりきて、われにさへかひてよといふ。（略）おの〳〵われをばよびさして、手をふりなどするもうたてければ、三人をわがかひてんとて、代《しろ》をやりかへす。はた、年の頃十二三ばかりなるが二人きて、肩をなでなどしつゝ、せはしげにいふ。すべなくはた、二人をかひてかへす。

誰も世をうきて渡らぬなけれども　舟に身をうる関のうかれめ

その夜は船は出ず、乗合った他国の男たちは陸へ上って遊びに行く。望東尼が連れの従《ず》者《さ》らと船に残っていると遊女たちがやって来て買ってくれと頼むので、三人を買ったことにしてお金を渡して返したところ、また十二、三歳の少女が二人来て身をすり寄せ、同じように言うので、また二人分を買ったことにして返したという。誰にとっても生きることの苦しいこの世であるが、ことに船の客に身を売って生きる浮女へ痛ましい思いを寄せている。

旅日記を綴る女たちの文化的・思想的背景

女の教育

家庭教育

近世では公《おおやけ》の学問所、つまり幕府の教育施設であった昌平坂学問所や諸藩が主として藩士の子弟を対象として創立した全国二〇〇以上に及ぶ藩校、さらには藩の許可のうえで藩の保護も受けた藩士や庶民の教化教育のために創設された郷校においても、女子は対象外とされた（ごく一部の郷校は女子も許可された）。したがって女子教育はおのずと家庭教育に一任される形となった。

近世の女たちが少女期に受ける家庭教育は一般的には女訓書にうたわれているように婦《ふ》功《こう》、つまり女の業《わざ》である紡績縫洗濯《うみつむぎぬいあらいすすぎ》調食を身につけることであったが、読み書きの手習いや文芸の手ほどきも家庭を中心に行われた。家庭教育の担い手は主として母や祖母であったが、手習いや文芸は父や兄が手ほどきすることもあり、さらに家庭に招かれた専門の教師によって深められることもあった。

下野国桜町で生まれ育った二宮尊徳の娘文《ふみ》は、七歳ごろより兄の弥太郎とともに尊徳やその弟子たちに手習いの手ほどきを受けるようになり、十三歳ごろには尊徳のもとに出入りする下野国烏山藩の書家大久保文隣に書を、江戸の画家大岡雲峰に絵画を本格的に学ぶようになる。

女子教訓書『唐錦《からにしき》』の著者成瀬維佐子は、御殿奉公をしたことのある祖母の理心尼に、幼いころから和文《やまとぶみ》を習い、特に『源氏物語』や『徒然草』を丹念に学んだ。

旅日記「東路の日記」を書いた信州坂城の沓掛なか子は、三歳のとき生母と死別したため、祖母によって育てられ、五歳のころから祖母より「百人一首」を口授され、暗誦した。六歳のころから文字を学び、七、八歳のころには『定家集』などに興味をもち、その中の歌などを口ずさみ、自分も歌読みになりたいと思うようになったという（「朧夜物語」）。

公家階級の女たちの教養は古典文学と和歌が主であった。五歳ごろより「いろは」と和歌を書写する文字学びが始まり、「千字文」や「経書」などで、素読・書写をして漢字を学んだ。成人近くなると『源氏物語』などの古典の「文字読み」といわれた素読によって古典の教養を身につけ、和歌などは専門の師について学ぶようになる。このほか礼式儀式を学ぶ有職《ゆうそく》や国史の学習、書道・絵画・香道・茶道・花道、絵馬や人形作りなどの細工物、雅楽や琵琶・三絃などの音楽など、身につけることは多い（『女子教育史』）。

武家階級の家庭教育

武家階級、特に上級武家社会の女たちは、儒教倫理を基調とした三従の道や結婚した女の忌み嫌われる七去、女の勤め行う業《わざ》としての四徳のほか、特に将来、大名夫人となった場合の心得などが祖父や父、母らが自ら書いた教訓書によって教育された。

伊賀上野藤堂家一門の出である藤堂嵐子は、娘須磨の養育に心を尽し、須磨が結婚するに際して、妻の心得をはじめ妾やその子の産んだ子への本妻としての接し方、召し使う者への気配り、信仰のことなど四四条にわたる「藻汐草《もしおぐさ》」を書いて手渡している。これは次々と書き写され母から娘へと手渡された。

山形藩士岡谷勝熙《かつひろ》の娘嘉津《かつ》は、早くに父を失い、母の手によって育てられた。幼いころから学びの道にも励み、幼くして『論語』『孟子』を誦《そら》んじたという。成長して婿《むこ》を迎え三男二女に恵まれたが、その家庭教育によって三男瑳磨介《さまのすけ》は家老職に就き、藩政改革を行って功績をあげた。長女音羽子は和歌・狂歌・絵画に親しみ、後年館林への国替の道中記にその才をうかがうことができるが、師につくことのなかった音羽子の教育には嘉津の力が大きかったと思われる。嘉津は子の教育だけでなく男女の孫たちのためにいくつかの教訓を書いているが、その一つに孫娘のために書いた「いろは歌」がある。

（い）いつとても機嫌能《よく》してさからはず
（ろ）ろんに及ばず素直にし
（は）はら立あらそふことなかれ
（に）にうわ（柔和）に物事さうだんし
（略）
（と）とかく夫にしたがふて
（略）
（る）留守は大事に能《よく》まもり
（を）女の道にたがふなよ

大きな字で筆書きされた口調のよい歌は、同時に手習いの手本ともされていたと思われる。家庭の中での教育者であった嘉津は、病床にあった母親を長く看病して孝養を尽し、その姿も一族にとっては手本であり、一門の人びとは今なお嘉津を「白蓮院《びやくれんいん》さまはお偉い方であった」と、その法号で親しみを持って讃えている。

寺子屋教育

働くことに忙しかった庶民階級では家庭で女の業《わざ》や手習いをさせる暇もなく、家族がその力も持っていないことが多かったので、農村では「娘宿」や「お針屋」で主婦となるための作法や心得、女の業を、専門家ではないがその道にたけた顔見知りの主婦によって学び、同時に社会性も身につけていく。

読み書きの手習いは、村や町に住む僧侶や神官、名主・庄屋・医者・浪人・庵主、奉公を終えた女たちによって開かれた寺子屋・手習所へ通って学ぶことが多かった。幕末に近づくにつれ寺子屋の数は増え、明治初年に調査され、文部省により編集された『日本教育史資料』の中に一万五〇〇〇以上の寺子屋が明記されているが、男女共学の寺子屋が各地に多く存在し、そこに学ぶ女の子たちの数もかなりいたことが示されている。鈴木義隆氏の論文「寺子屋女教師の研究」によれば、江戸市中の総寺子屋数二九七校中男生徒のみは二校、女生徒のみは一校で、約九九％という高い共学率を示し、全国平均共学率は五一％であるという。これは『日本教育史資料』からの統計であり、実際はもっと高率であると思われる。特に大都市での女寺子の数が多く、それは武家奉公を望む親心や町家の商売をするうえで日用の役に立つ「読み書きそろばん」が女たちにも必要とされたからであろう。

寺子屋には女教師もいた。経営者としての女の数は、鈴木義隆氏の論文によれば『日本教育史資料』掲載中の総寺子屋数一万五六五二のうち一七四人で一％強でわずかであるが、女教師の数としては三％強に達するという。

男性をしのぐ大型寺子屋師匠の存在も目につく。豊後日田の有浦琴虹《ありうらきんこう》の三遷堂には、五〇年間に二〇〇〇人の入門者があったという。同じ土地に広瀬淡窓が私塾咸宜園《かんぎえん》を開く少し前のころである。

先に（三六頁）取り上げた黒沢ときも寺子屋の女経営者の一人であった。とき自身は少女時代、修験道場と私塾を経営していた祖父に国学・漢学を学んだ。結婚して二人の女子を産んで夫に死別後、実家へ帰り、生計のための行商生活中にも各地で開催される歌会や句会に出席し、俳諧・狂歌・和歌などを学んだ。郷里

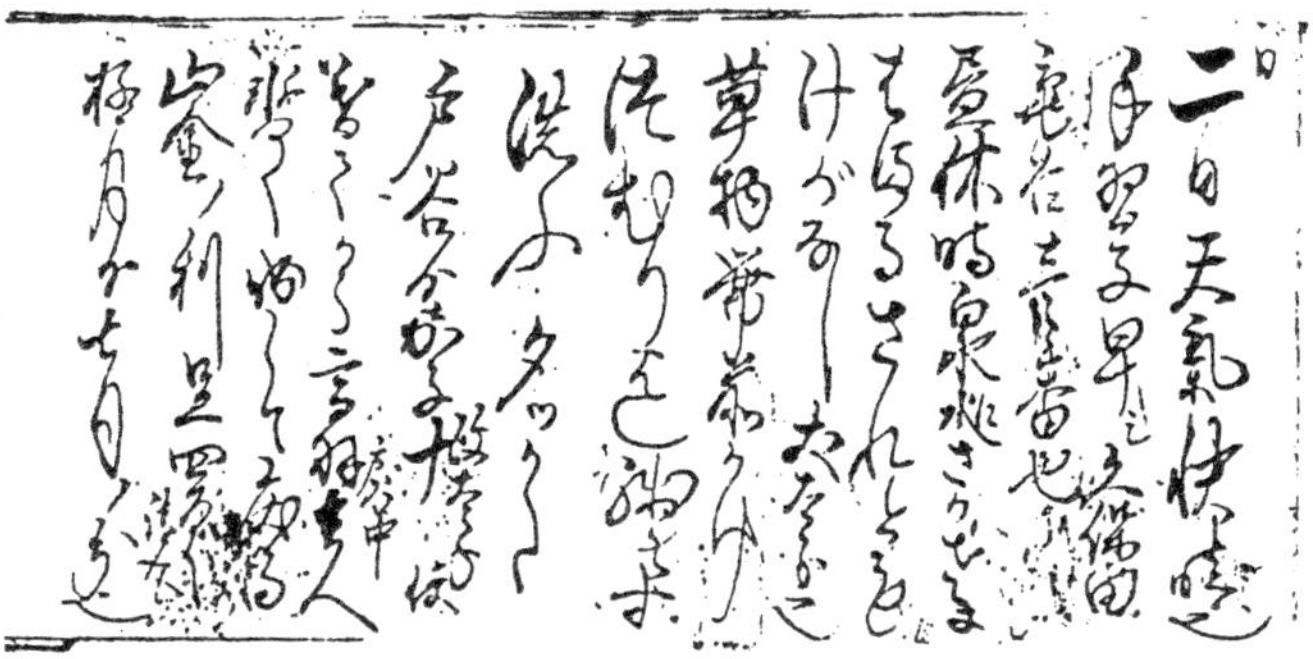

黒沢とき「寺子屋日記」

に落着いてからは寺子屋教育に力を注いだ。断片的ではあるが、寺子屋経営時代の日記が残されている。そこには一九人の男女の手習子たちの出欠や、池や堀に落ちた手習子の衣類の洗濯や、女手習子たちの喧嘩《けんか》口論して泣く様子や、手習子たちが月謝代りに持参する米や季節の野菜、果物などの品名や、月謝一〇〇文・手本紙代一〇〇文などの受取りや、手習子たちに手伝って貰って畑を耕すなど、手習子たちの活々とした寺子屋での様子や女寺子屋経営者としての生活振りが描かれていて興味深い。

男女共学の寺子屋でも学習室は男女別々で中には階上を男子、階下を女子としたところもあり、授業時間を午前、午後と分けたりしたところもあった。今に面影を残す黒沢ときの寺子屋では、男子は座敷、女子は板間であったという。

寺子屋で使用される女子用教科書としては『女大学』『女今川』『女孝経』『女実語教』『女商売往来』『女庭訓往来』などの女訓書を主とし、初期の文芸手ほどきとして『小倉百人一首』などが使われた。

私　塾　女訓書を中心とした儒教道徳を教え、読み書きの初歩的な教育だけではなく、やや専門的な、あるいはかなり高度な学問や文芸を授ける主として自宅を教場とした教育が行われるようになり、それらは寺子屋とは区別され私塾と呼ばれた。

しかし、なかには寺子屋と区別しがたい施設もあった。こうした私塾は全国的に発生し、ここへも女たちは通って文芸の道に励んだ。

父や夫の経営する私塾に学び、後には父や夫を助けて塾の助手となったり、彼らの亡き後、塾の経営にあたった女たちも全国いたるところで見いだすことができる。

美濃国曾根村の梁川紅蘭《やながわこうらん》は、又従兄《またいとこ》の星巌について詩文を学び、自分から望んで結婚し、放浪の詩人といわれた星巌に伴って九州や房総を旅して、各地の文人と交わり、詩才を磨いた。星巌が江戸お玉ヶ池に玉池吟社という私塾を開くやそれを助けた。のち、二人は京都へ出て政治活動をするようになり、安政の大獄で捕えられる直前に星巌は死亡した。紅蘭は夫の身代りに獄中生活をすることになり、出獄後は京都で私塾を開き、詩文を教えた。明治になって三輪田女学校を創設した三輪田真佐子《みわだまさこ》はこの塾に学んでいる。

江戸城大奥や武家奉公した女たちが、帰郷して地域で私塾を開き、地域の教育に尽した例は多い。もともと才能を認められて祐筆《ゆうひつ》として召し出され、大奥や大名家の女たちに文芸の教授をしたり、著名人と交ってその才能を磨くこともある。一方、御殿勤めをしている間に、その道に堪能な女たちによって教授されることもあり、御殿勤めや武家奉公の場が教育機関の役目を果たすこともある。

上野国桐生の機屋《はたや》兼買次商田村家の娘梶子は十七歳の時、江戸城大奥に祐筆として仕え、三十一歳で帰郷して婿を迎え家業を継いだ。そのかたわら私塾松声塾を開き、男女の入門者一〇〇人を越えるほどの盛況で、手習いのほか、和歌・和文・礼儀作法を教えた。松声塾に学んだ望月福子は十七歳のとき、梶子のすすめで丹波園部藩主小出英教《こいでふさのり》の母心鏡院に仕え、のちに祐筆に抜擢されたが、二十二歳で辞任して帰郷し、梶子の後を継いで松声塾の教師となった。

各地には寺子屋女経営者に劣らない数の漢書、和歌や詩文、書画、裁縫を教える「女先生」などとも呼ばれた女私塾経営者が存在した。「歌よみ婆さん」と親しまれた信州小布施の智関禅尼もその一人である。智関は幕末の思想家佐久間象山《しょうざん》や小布施の高井鴻山らの師であった上田毘沙門堂の活文禅師に侍者として仕え、活文に禅学と同時に詩文や一弦琴を学び、花道や茶道をも身につけた。活文没後は鴻山の援助のもとに高井家の敷地内に即心庵を結んで庵主となり、地域の女子に書道や詩歌のほか琴や礼法、茶道を教え地域の女子教育に専念した。

下総国検見川《けみがわ》の豪農の娘藤代市産は婿を迎えたが、耳の不自由な夫と離婚後、二十九歳で私塾を創設し、漢書・習字などを教えた。近郷よりの入門者は三〇〇〇名にも達したといわれているが、残された門人帳には一二七四人の名があり、そのうち約四分の一が女子である（千葉市「そほづ」の会研究発表資料）。

各地に設けられた女塾経営者のもとに、多くの女たちが学び、寺子屋と違って私塾は明治期に入っても継続し、逆に明治期になって女性たちによって新しく創設された私塾も数を増し、女子の高等教育機関として発展したものも多い。

通信教育・出講教育

師弟が同じ地域に住んでいない場合には、さまざまな形の教育が行われた。一つは弟子が簡単に師のもとに通って行けない時に行われる書簡の往復による質問や文章・詩歌などの添削や手本を送付してもらっての学習である。

二宮文は、少女期には父尊徳を通して江戸の画家大岡雲峰に手本を送ってもらって、それを写して自習し、たびたび雲峰のもとに絵を送って指導を受けている。雲峰は文に奇峰という号を与え、文の絵の出来映えや上達を喜び、そのことを尊徳への書簡の中で再三述べている。尊徳や兄弥太郎が江戸へ出仕してからは、文は弥太郎へたびたび書家の手本を要求し、それによって桜町の陣屋で、留守の父や兄に代っての任務の合間に自習し、清書したものを江戸へ送って見てもらっている。また書家の大久保文隣には松隣という号をもらっているが、文隣が江戸へ向う途中に桜町陣屋へ立ち寄った際、書の指導を受けている。

森本都々子は夫とともに本居宣長の門人内山真龍《またつ》や服部菅雄《すがお》・高林方朗《みちあきら》に国学や歌の指導を受けた。結婚前浜松に住んでいたころの師であった真龍には、結婚して飯田へ移ってからも指導を受けた。遠州秋葉山参詣者を仲介にして互いに便をこと付け、歌や文章の添削や作歌の方法など不明の点や難解な語句を冊子に書き付け、余白へ師の解釈や注釈を記入して送り返すという通信教育で学び続けた。また、真龍没後には、真龍の高弟で本居宣長の門人でもあった方朗に夫婦揃って入門した。都々子が浜松へ里帰りした折には、方朗は集めた蛍を持って都々子夫妻を訪れ、三日間滞在して『古今集』の出張講義をしている。駿河島田の服部菅雄は信州島田村に長期間滞在して都々子夫妻をはじめ、近郷の人びとと歌を詠み交わし、しばしば森本家を訪れ、都々子に『万葉集』や『古今集』『源氏物語』『伊勢物語』などの出張講義をしている。

スクーリングと書写

こうした通信教育や出向教育のほかに、遠隔地にある師のもとを訪れてある時期滞在して講義を聴いたり、詩文を直接指導してもらうスクーリングともいうべき短期間教育にも、女たちは同行している。

肥後国山鹿郡久原村の神職帆足長秋の娘京《みさと》は、享和元年（一八〇一）、父母と一緒に十五歳の初参宮を兼ねて上京の旅に出た。しばらく京都に滞在し、父の友人たちと歌の贈答をして日をすごす。その後、この旅の最大の目的である父の国学の師である伊勢国松坂の本居宣長を訪問し、松坂に部屋を借りて住み、長秋と京は宣長の鈴屋《すずのや》へ通い、宣長の講座を聞いたり、歌会にも出席する。京も宣長の長男春庭やその妹の美濃や宣長の養子大平《おおひら》らとともに堂々と歌を詠み交わしている。七〇日ほどの短期間の松坂滞在ではあったが、宣長にもその才を「みさとのおもと年はまだ十五ときくを手かき歌よみ文つくらるゝこと世の中のおうなはづかしきさまになん」とたたえられ、別れに際して、

若葉より匂ひことなる白菊の　末なる月の花ぞゆかしき

と、将来を期待される歌を贈られている。この松坂滞在中、京は父とともに宣長自筆の『古事記伝』をはじめ何冊かの本を書写をしたことが、その折の旅日記「刀環集」に書き留められてある。

本居大人《うし》の御許より古事紀《(ママ)》伝をかりて写し取などして返し奉るとて

埋もるゝ玉のひかりを世の中に　みがき広むるいさをしぞ思ふ

玉ほこの正しき道をしをりして　君がとかせるふみぞ尊き

当時、頂点にあった国学者宣長の講座の聴講や高弟たちとの歌会、『古事記伝』の書写などは、父の意志によるものではあったが、十五歳の少女の物学びとしては、あまりにも

大きな学習であった。短い期間の物まなびとはいえ、期間では測ることのできない、貴重な教育体験であった。

湧き出る向学心

女たちのさまざまな教育の機関や機会・方法があったとしても、女たちに向学心がなければ、それらは無に等しかったであろう。教育は学びたいという強い意思があってはじめて効をなしたのであり、多くの旅日記が書かれているのも、女たちの強い学びへの意思があってのことである。強い向学心は、あらゆる困難をしりぞけ、目的を達する何よりの原動力であり、進む道を広げる力を持つのである。

広瀬秋子《ときこ》は幼いころ、二つ違いの兄淡窓と同じ部屋で寝起きし、兄が父から学問の手ほどきを受けるのを傍らで聞き、耳から学問に親しんだ。秋子が十六歳のとき、福岡の亀井塾で学んでいた淡窓が病気のため進学を断念して帰郷し、療養に努める日々をすごすようになり、時には面会謝絶の重態に陥ることもあった。諸藩の御用達を勤めたほどの広瀬家はそのころ、父の弟の破産の処理で家産が傾き、父母は家業を興すことに忙しく、秋子が代って日夜つききりで兄の看病に当った。回復しない兄のために、秋子は、そのころ日田へ逗留していた肥後国の豪潮律師に帰依した。自らの命を捨てても兄の命を助けたいとの決死の参禅をし、兄の命が助かったなら、自分はすでに捨てた身ゆえ、仏門に入って仏恩に報いたいとの大誓願をたて日々豪潮のもとに出入した。秋子の強い意思と日々の参禅が効をなしたのか、淡窓は回復に向い、その後病魔との闘いの日々ではありながらも、その地に咸宜園を開設し、全国から集まった三〇〇〇人の門弟の教育に尽した。秋子は淡窓の病いが一段落した後も仏門に入りたいという意思を持ちつづけ、豪潮律師の斡旋で、女帝であった後桜町上皇に仕える信仰心の強い早風局の法妹として、仙洞御所に上るために京都へ旅立った。

秋子のような強い意思は学問をめざした女たちの中にも多く見受けられる。近世の庶民の社会教化運動である石門心学《せきもんしんがく》の祖石田梅岩《ばいがん》に入門し、江戸へ心学を広めた最初の人とされる近江国吉田村の酒造業白井家の娘慈音尼は、八歳のとき母をなくし、その追善のため仏道を志し、十四、五歳のとき、父の反対を押し切って家を出た。師を求めて尼寺で修行、参禅、苦行を重ねているうち病気となり京都で静養中に、梅岩の心学講話を聞いて強く心を打たれ入門した。梅岩のもとで修行を重ねて悟りを開いたが、二十九歳で梅岩に死別した。その後、病身に鞭《むち》打って師の教えをひろめたく思い、延享二年（一七四五）江戸へ下って、講を開き心学の布教に尽した。

その著作約六〇種四〇〇〇冊以上といわれる荒木田麗女は、幼いころから兄たちの振舞いを見習って和漢の書を読むことを好み、女子の業《わざ》を身につけることを好まなかった。女子に学問は無用と考える父母に反対され、正式の学びを許されなかったので、兄たちのそばで『大学』などを素読するのを聞いて暗誦した。長兄が麗女の熱心さに感心して『古今集』の序や『伊勢物語』を読ませたところ、手習いも始めていないのにすらすら読むことができたという。

八歳からいろはの手習いをし、『論語』や『孟子』を学んだ。また、兄の語る軍書の話を好んで聞き、十二歳ごろからは女の業の諸芸を習わされたが身に入らなかった。十三歳の時、叔父武遇《たけとも》の養女となってからは、武遇が学問を好んだので、詩文を教えられ、十五歳から師について歌の道を学び、十六歳で連歌を習いはじめ、十七歳の時、大坂の連歌師西山昌林に入門し、昌林没後は京都の里村昌廸《しょうてき》に入門した。二十四歳ごろ家雅を婿として迎え、以後篤学の家雅とともに関西をたびたび旅行して各地の文人と交友した。のち、家雅のすすめで漢詩を作り、京都の儒学者江村北海にも入門した。家雅の援助のもとに三十歳をすぎたころから文筆生活に入り、歴史物語・王朝物語・日記・紀行・随筆・俳諧・漢詩などの作品を残している。麗女の向学心は自分の強い意思とまわりの者の暖かい援助によって実を結び、近世随一の女性文学者の座につかせたのである。

儒学と国学の影響

儒学の影響

近世の女たちの生き方を最も強く規制したのは儒学である。君臣・父子・夫婦・兄弟・朋友間の縦の人倫秩序や仁・義・礼・智・信の五常を人間関係の中心的道徳と説く儒教は近世社会では為政者の政治支配の学問として、また日常道徳の根本的な理念として社会のすみずみにまで入り込んだ。儒教は文化や思想の面でも大きな影響を与えた。儒学を中心とした漢籍に関する学問である漢学が学問の主流となり、それはおのずと男の学問という観点を与えた。しかし男の学問の世界の扉は女たちの前に閉じられてはいなかった。貝原益軒も「七歳より和字《かな》をならはしめ、又をとこもじ（漢字）をもならはしむべし」（「女子を教ゆる法」）と言っているように、その世界へ何の抵抗もなく入っていき、和文と同じように漢文を学んだ女たちもいた。

原采蘋や亀井少琴《しょうきん》、大田蘭香、井上通女のように儒者の娘たちや、沼田香雪や鱸采蘭《すずきさいらん》のように学者や漢詩人の娘であったような生まれながらにして漢学を学べる環境にあり、父親の教育方針の中で育った人びとや、江馬細香や吉田袖蘭《しゅうらん》、篠田雲鳳、松岡小鶴、高橋春琴のように医者の娘たち、あるいは梁川紅蘭や土井松濤、山本緗桃《しょうとう》らのように夫が儒者や漢詩人であったり、父親に幼児教育を受けた兄弟と同じ教育方針で漢籍を学んだりした人びとは、まわりの環境の中で自然に漢学を身につけていった。男性が塾経営者である一般的な私塾では、漢籍の素読が初歩的な学習であり、私塾は公学と異なり決して女たちに門を閉ざしてはいなかったので、女たちも自由に私塾に通って漢学に親しむ機会に恵まれていた。

自分の意思で積極的に詩作に励み、男性に劣らない漢詩人となった女たちもいる。漢詩の時評誌ともいうべき菊池五山が文化四年（一八〇七）から天保三年（一八三二）までに刊行した『五山堂詩話』の補遺第四巻には細香・紅蘭・采蘋ら一六名の女たちの漢詩が掲載されている。

頼山陽や梁川星巌らは好んで女の弟子を受け入れた。広瀬淡窓の咸宜園にも智白、智参という二人の禅寺の若い尼僧が入門している。彼女らは美濃大野郡の慈渓寺の尼僧で、はるばる日田まで旅をして入門したのである。

近畿第一の女学者と評された森田無絃も、九歳ごろから大坂の藤沢東畡《とうがい》の泊園書院に学んだ。二十八歳の時、東畡の友人森田節斎に漢詩で結婚を申し込まれ、漢詩で返書して結婚する。のち、夫妻は山陽路の各地を転住して塾を開き、地域の子弟の教育にあたった。

各地を調べてみると、男の世界とみられた漢詩文の分野に、あちこちで女性漢詩人を見いだすが、和歌や俳諧の世界に比べると、その数は圧倒的に少ない。世間では女漢詩人に対して「女先生」や「女学者」と半分ひやかし的な呼び方をしたようであるが、それでも女の画家や歌人に比べていずれの人もぐんと高い評価を与えられている。天保八年（一八三七）刊行の『現存雷名江戸文人寿命附』に、年数によって評価を与え、似顔絵と評価の狂歌を添えているが、そこへ取り上げられた女性文人一五名のうち男性に劣らない最高点をつけられているのは原采蘋ら女漢詩人たちである。

原　采　蘋　　儒　　一〇〇〇年
　経学はいふこともなし詩文章　眼を驚かす筆の見ごとさ
高嶋文鳳　　書　　九九〇年

文学の外にからうた書も見事　江戸に名を得し女史の親玉
篠田雲鳳　儒　九〇〇年
文学も其おこなひもなみなみの　たをやめならぬ江戸の立物
高橋玉蕉　儒　九〇〇年
詩も書画も人におとらぬ御手際は　江戸の花ともいふべかりけり

女漢詩人たちは書画を学ぶことからも漢学に近づき、漢詩と絵画の面で才能を発揮した女たちも多い。

国学の四大人と女弟子たち

『古事記』『日本書紀』『万葉集』などの古典を文献にもとづいて研究し、儒教や仏教伝来以前の日本固有の思考を明らかにしようとする学問が、近世のさまざまな学術の発達と国家意識の勃興にともなって起きた。

『万葉集』などの古典研究により、復古意識を明確にさせ、国学の創始者とされる江戸前期の学者荷田春満《かだのあずままろ》、春満晩年の弟子で、『万葉集』を中心とした古典研究をさらに深め、天地自然の道である古道の復興、古代歌調の復活に力を注いだ江戸中期の歌学者賀茂真淵《かものまぶち》、真淵の門人で和歌や『源氏物語』などを中心に研究して「もののあわれ」の文学論を立て、『古事記』の註釈書『古事記伝』を完成し、文学の註釈と古道論、国語に関する研究に功績があり、国学の大成者とされる江戸中期の国学者本居宣長《もとおりのりなが》、宣長没後の門人で、古史（記紀の神代記）の異伝と註釈に力を尽し、「霊」の死後の行先を「幽冥」とする宇宙の生成を説いた『霊能真柱《たまのみはしら》』を著した江戸後期の国学者平田篤胤《あつたね》を国学の四大人《うし》と呼んでいる。のちに国学は、神道に結びついて思想的に高められ、尊王攘夷や明治維新を志す者たちの精神的よりどころとなった。四大人たちは、それぞれ一派を成し多くの門人を抱えたが、その中には、女弟子も多い。

春満の姪《めい》の荷田蒼生子《たみこ》は、夫の没後、春満の養子となった兄の在満《ありまろ》に和歌や国学を学び、後に紀州徳川家に仕え、藩主の妻や娘たちに和歌を教授した。致仕して江戸浅草に住んでいたころ、土佐・姫路・岡藩の藩主や夫人たちの和歌の添削指導を依頼された。

真淵は号を県居《あがたい》といい、日本橋浜町で県居塾を開き、門人数三百余名中、女性は四〇人を超えたというが、御用商人の娘油谷倭文子《しずこ》、旗本の妻土岐筑波子《ときつくばこ》、旗本の娘鵜殿余野子《うどのよのこ》らは特に県門《けんもん》の三才女と呼ばれ、歌人として有名である。倭文子は二十歳で世を去ったが、生前母とともに旅をした折の旅日記「伊香保の道ゆきぶり」は世に広く読まれている。真淵の孫弟子にあたる村田多勢子は「伊香保の日記」を書いている。

宣長は鈴屋《すずのや》と号し、伊勢松坂で研究のかたわら全国より訪れる多くの門人の指導にあたった。本居宣長記念館の鈴木香織氏の調査では女の門人は三〇名近い数にのぼり、半数以上が家族と一緒の入門であるという。地元伊勢や尾張の者が圧倒的に多いが、石見国浜田藩の家老岡田頼母《たのも》の妻健子らもいる。松坂の町人の妻殿村寿原、尾張木田村の農民の妻大館民、松坂の町年寄の妻荒木三野らは、熱心な女弟子で、家族とともに入門している。宣長の娘美濃は「美濃参宮記」を書いており、失明した兄春庭をその妻壱岐とともに代筆して助け、春庭の学問大成に貢献した。二人は歌人としても優れた詠草を残している。

篤胤の門人姓名録には各地の多くの女性の名が記されている。勤王家として有名な信州伊那伴野の松尾多勢子、同じ伴野の原須賀子、美濃中津川の馬島喜久子らがいる。

地方の国学者と女歌人たち

国学の四大人には、多くの門人たちがいたが、門人たちは直接指導を受けることもあり、書簡による指導もあり、門人帳に名を連ねるだけの者もいた。いずれもそれぞれ地域で国学の中心的人物となり、リーダーとして活躍し、門人をかかえ、四大人には孫弟子ともいうべき間接的な門人たちが次々と誕生し、国学は全国に広まった。

春満の門人で浜松諏訪神社の神主杉浦国頭《くにあきら》は春満の姪真崎《まさき》を妻に迎え、夫婦で遠江の国学の普及に励み、浜松文化の開拓者となった。賀茂真淵は十一歳のとき、はじめて真崎に手習いの手ほどきを受けている。真崎には歌集「やどの梅」「夜あらし」などがあり、四十歳の時に京都へ里帰りした折の旅日記「上京紀行」を残している。国頭は月並歌会を開いて歌道をひろめ、『百人一首』や『日本書紀』などの講義を行って古学の振興に力を尽した。国頭・真崎門下には、真淵とも親交の深かった森繁子《はんこ》をはじめ、柳瀬理津《りつ》、その娘の多見《たみ》らがいる。

幕末期の三河刈谷藩の侍医村上忠順《ただまさ》は、宣長―大平―内遠とつづく本居内遠の門人として日本古学派の神道を唱導する国学者でもある。家集「蓬盧集《ほうろ》」や和歌の選集・註釈書、紀行文など多くの著書があり、蔵書家としても著名で、その蒐集二万五〇〇〇冊は、刈谷市中央図書館村上文庫として保存されている。国学者の家族には歌人が多いが、忠順の母美志子や妻三千代、長女の深見年之《としの》、次女の小鈴、三女の八千代らは歌を残しており、忠順の嗣子忠浄の妻よねは橘東世子《とせこ》が明治八年（一八七五）から十三年までに編集した『明治歌集』にその歌が掲載されている。年之は文久元年（一八六一）家族で京都・奈良・伊勢へ旅した折の旅日記「葉桜日記」を残している。忠順の門人帳からも刈谷の園女・磯女、新堀の深見富女（七歳）・徳女ら一〇名の女弟子の名を拾い上げることができる。忠順は京都の歌人大田垣蓮月や高畠式部、島原の遊女桜木とも親交が深く、忠順宛の手紙や短

蓮月作の土瓶
側面に蓮月が文字を彫っている

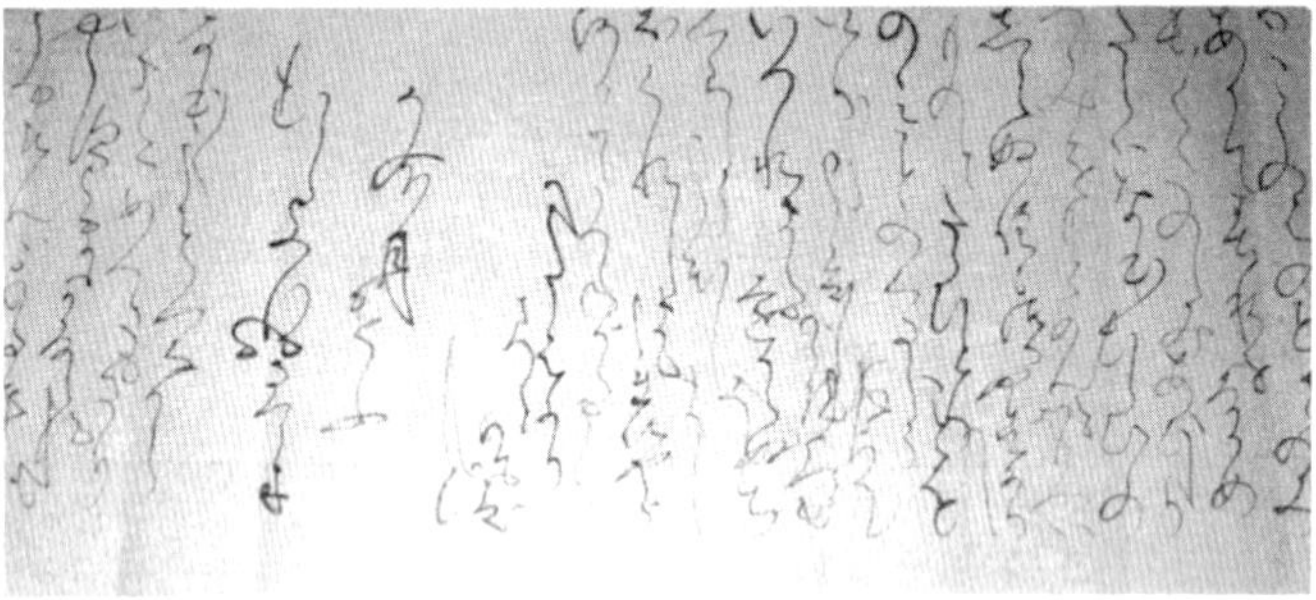

村上忠順宛　遊女桜木の手紙

冊・書画、蓮月の焼いた土瓶や茶碗などが豊田市の村上家に多く保存されている。

筑前の女歌人たち

本居宣長の門人青柳種信に国学を学んだ筑前国古門村の神官伊藤常《つね》足《たり》は、近世後期の筑前歌壇の指導者として多くの門人の指導をした。常足は国学者としてでなく、地誌編纂にも尽力し『太宰管内志』という大著をはじめ、風土記など地誌を多く著している。常足の国学者としての活躍振りとその女弟子たちについては前田淑氏の研究に詳しい。常足は私塾「古門小学」をはじめ、筑前の遠賀川の流域を中心に植木・芦屋・黒崎、長門の赤間関などに設置された教授所で多くの門人の指導にあたった。門人のうち歌集に歌を載せている女性歌人の数だけでも、七、八十名はいるという。

天保七年（一八三六）に遠賀郡関係の門人たちの歌を常足の撰で編集した『岡県集《おかのあがたしゅう》』の中だけでも二百七十余人の門人の名が判明するが、そのうち女性は三九名で、全体の一五％にあたり、女性の歌の数からすれば、一人平均八首の歌が収められているので、全体の二五％強となり、女性優位の歌集であると前田氏は述べている（「近世後期の北筑前における女性の文芸活動」）。

常足の女性門人のうち、著作のある人を取り上げてみよう。

桑原久子　芦屋　歌集「重浪集《しきなみのしゆう》」、旅日記「二荒詣日記」（天保十五年、一八四四）
波多野弓子（常足次女）　黒崎　旅日記「湯原日記」（嘉永元年、一八四八）
黒山須磨子　芦屋　旅日記「厳島詣日記」（安政六年、一八五九）
阿部峯子　植木　旅日記「伊勢詣日記」（天保十一年、一八四〇）
小田宅子　底井野　旅日記「東路日記」（嘉永四年、一八五一）

常足の行動的な指導のもとに、筑前の女たちの文化活動は、大いに注目すべきものがある。常足の訪問によって定期的に行われる教授所での歌会と指導、多くの女性の作品を取り入れた門人たちの歌集編纂、パトロン的女性門人の活躍、そして女性門人たちの意欲と経済力に裏打ちされた旅へのいざないと旅日記の執筆などは近世の女性文化活動として高く評価すべきであろう。

俳諧の世界

男女同席の世界

近世女性文学といえば、まず加賀の千代女が思い浮かぶほど、女性と俳諧の世界は緊密であった。千代女に人びとの口にのぼる親しみのある句が多かったというだけではない。多くの女たちが俳諧の世界に遊び、仲間と共生し人生を豊かにした。女たちが残した膨大な数の句は、まだ発見されないものも多く、実際に詠まれた句の数ははかり知れない。

自我や個性を尊重する近代文学のなかで、連句は不適当であるとされ発句が独立して一つの詩として作られるようになった近代以後の俳句と異なり、近世においては連句が中心であった。近世初期には一〇〇句をつづける百韻形式が標準的形式であったが、松尾芭蕉の蕉風俳諧以後三六句をつづける歌仙形式が標準化した。このほかに一人で詠む独吟、二人で詠む両吟、三人の参吟、さらに四吟という形式もあるが、連句が中心であった。

女たちも早い時期から連句の世界に参加した。貞享元年（一六八四）の井原西鶴の編んだ『古今俳諧女歌仙』には、信長・秀吉・東福門院（後水尾天皇中宮、徳川秀忠娘）に仕えたといわれ、「お通流」の能筆家として知られる小野お通や杉木光貞の妻美津女、「雪の朝二の字二の字の下駄のあと」を六歳の時うたったとして有名な田捨女《でんすてじょ》、京三筋町の吉野太夫、大坂新町の夕霧太夫、長崎丸山の花鳥太夫など、当時かなり有名な女性に加え、三六人の女たちを絵姿とともに紹介している。豊臣秀吉の右筆《ゆうひつ》であった松永貞徳によって確立された言語遊戯による穏やかな作風の貞門下の女たちが中心となっている。徳川幕藩体制確立期にはすでに女たちは文芸の世界に入り込んでしっかりと座を占めており、その後も座を追い出されることはなかった。そのことは商業出版の発展につれて版行された多くの俳諧関係の版書からもうかがい知ることができる。

「女性の俳友にしたしむべからず。師にも弟子にもいらぬことなり」と芭蕉の行脚の掟として伝わっているといわれる言葉の裏には、多くの女性の俳友の存在と、彼女たちに親しむことが一般化されていたことを示すものであるが、芭蕉の門下にも多くの女性がいたことは、蕉門の一人三河新城の庄屋太田白雪が元禄十五年（一七〇二）に編んだ『俳諧三河小町』の下巻に掲載されている六六人の女性をみても明らかである。「白拍子あるひは七、八歳の童のいひ出せることの葉を見および、きゝ及びてすゞろに拾」った俳諧書の中には、各地の年齢も身分もさまざまな女たちの句が並んでいる。

芭蕉の衣食住を養子の乙州《おとくに》とともに世話した芭蕉のパトロン的存在であった大津の智月、「白菊の眼に立《たて》て見る塵もなし」と芭蕉が清楚な美しさをほめたたえずにいられなかった大坂の園女らとは、芭蕉は席を同じくして歌仙を巻いている。

旅に出た女たちが、各地の俳友をたずね歌仙を巻いている例は限りなく、むしろ歌仙を巻くために旅に出たといっても過言ではない。席を同じくしただけではなく、夫婦でなく、相愛の仲でもない男女が二人だけで一緒に行脚《あんぎゃ》の旅に出ても、とがめる人のいない不思議な世界である。

「男女七歳にして席を同じくせず」という日常道徳が一般的であった近世において、同席して男女にかかわりなく、性を意識せず、対等の立場で相手の心に入り、相手に心をまかせる世界の「座の文学」である俳諧が近世に全盛期を迎えたということは興味深い。

それでは女たちは俳諧においてどのような対象を取り上げ、どのような世界を描いていたのであろうか。

女が自分の言葉で語る世界

あの中へころんで見たき青田哉　中地蔵　たつ　（七部集『阿羅野』）
菊苗や路次《ろじ》に女の鍬仕事　田代　柴白　（『菊の道』）
衣替《ころもがえ》みづから織らぬつみふかし　伊勢　園女　（『其袋』）
髪を結ふ手の隙明《ひまあき》て炬燵《こたつ》かな　松任　千代尼　（『千代尼句集』）
旅徳や団子もきなこも今《こ》としもの　能代　翠羽　（『茂浦道の記』）
冬の月心であるくあすここ　江戸　花讃女　（『花讃女句集』）
鶯のしらぬ節ありことし竹　高崎　一紅　（『あやにしき』）

目につくままに拾った句であるが、きどらない日常使っている言葉で、日常の生活や思いを一七文字の中に素直に表現している。平凡な言葉の中に広い景色が広がり、女のいそいそとした姿が浮かび、女の置かれた世界が見え、自らの意思で人生を変えて新しい朝を迎え、年老いてもおいしいものへの欲があることをさらけ出し、冬空の下を帰宅する夫の姿を想って心を痛め、何といろいろな女の思いがあり、それを開け広げにのびのびと表現していることであろう。そして何と時代を超えてわれわれの心に響くことであろう。「路次に女の」「みづから織らぬ」「手の隙明て」「旅徳や」「心であるく」——何と素直なにくいほど美しい言葉を持っていることか。

それほど深い学問をしたとは考えられない女たちが、ふと口に出る自然な飾らない、何も意図しないあるがままの言葉で表現し、自然に自分たちの文学の世界を築いているのである。各地の神社にかかげられた扁額の中にも無名の女たちがしっかり生きつづけている。家庭文化、日常文化を築き上げた世界である。歴史が教えてくれない女たちの生活を俳諧は無尽に示してくれる。男たちもまた、女や子供の視点を大切にし、その視点を共有する。性別も身分も年齢も忘れた一人の人間として皆が対等の場に座っている。

そうした気持が旅に出た男女の間にもみなぎっている。男女はよく吟行の旅に出る。父と娘であったり、夫婦であったり、母と子であったり、友人であったり、さまざまなカップルが旅に出る。ともに自然と人生の実相をみつめ、人間を自然の一部と感じとり、自然の前で何人も平等であることを知る。多くの男女が芭蕉の跡を歩いて芭蕉の精神への接近を求めている。

自立した女たち

俳諧を楽しむ女たちは精神が新鮮でいきいきしていたばかりでなく、実生活においても行動的で、実にのびのびした人生を送っている。二、三の例をあげるならば、彼女たちが実生活の中でよく働き経済力を持っていたことや俳諧集を積極的に出版したり、よく旅をし交友を広めたことである。

近江国大津の智月は、夫なき後も養子乙州を助けて家刀自《とじ》としてよく家を守り、家業の大津駅伝馬役を勤めた。東海道の主要駅に位置していたため、訪れる人も多く芭蕉門下の人びとの足留りともなり、芭蕉もしばしば訪れ滞在した。年下の芭蕉に先立たれ、智月はほど近い義仲寺境内に芭蕉を葬り、忌日には追善俳諧を興行した。芭蕉への生前没後の行き届いた世話は、豊かな経済力の裏付けがあってのことである。

芭蕉に白菊にたとえられた園女は、生誕地伊勢から大坂に移住し、夫一有とともに雑俳点者（評点したり優劣を判ずる職業俳諧師）として生計をたてた。夫に死別後は江戸へ出て生前医者であった夫を見習って眼科医となった。髪を剃り智鏡尼と名を改め雲虎和尚のもとに参禅したり、詩歌を作ったり、深川の富岡八幡宮に三六本の桜の木を奉納したり、たいへん行動的であった。俳諧集『菊の塵』（享保八年、一七二三）を撰集したり、六十歳の賀集『鶴の杖』を出版するなど、思うことを次々と実行した。

俳諧集を出版した女性は実に多い。肥前国奈良田の紫白は元禄十三年（一七〇〇）に女性ではじめての撰集『菊の道』を出版している。女たちが出版した俳諧集の何冊かを拾い上げてみると、江戸の秋色の師其角《きかく》の七回追善集『石なとり』（正徳三年、一七一三）、筑後の出身で京都に住んだ諸九尼の夫浮風の一周忌追善集『その行脚』（宝暦十三年、一七六三）、京都の琴之《ことじ》の夫文下の追善集『笠の露』（安永四年、一七七五）、紀州広浦の此葉《しよう》の吉野紀行『市女笠』（天明八年、一七八八）、武蔵国八王子の星布尼の師白雄の七回忌追善集『なゝとせの秋』（寛政九年、一七九七）、加賀の得終尼の夫高桑蘭更の七回忌追善集『もゝやどり』（文化元年、一八〇四）、奥州須賀川の多代女の諸国の俳人の句集『浅香市』（文化十四年、一八一七）、奥州仙台のきよ女の亡父乙二の三回忌追善集『わすれず山』（文政八年、一八二五）、相州日向山の笹雄尼の師乙二の七回忌追善集『かきほうし』（文政十三年）、江戸の鶯卿女の蕉風以前の女性撰集『女百人一句』（天保三年、一八三二）、仙台の禾《か》月《げつ》の七十歳の賀集『岩根草』（嘉永六年、一八五三）などがあるが、これらは女性自身が編集した句集のごく一部である。夫や師の追善集、六十・七十の自分自身の賀集、俳人たちの句集とその内容はさまざまであるが、エネルギーと費用を要する出版にも積極的に参加したということは注目すべきことである。

旅を終えた女たち

旅から得たもの

旅を終えた後々まで、女たちの心の中にいくつもの感動や忘れられない思い出が残っている。それらがいつしか女たちの人間性に変化を与え、成長をうながす。

人の情け（人情）

見も知らぬ土地で、行き先に惑った折の道案内人は仏の顔に見えてくる。荒木田麗女が夫とともに京都・奈良・大坂と旅をした折、西国三十三ヵ所の三番札所の粉河寺（和歌山県）に参拝したのち、静かな人通りもない田の中の道をさまよっているうちにねずの観世音にたどり着く。寺の前の貧しい茶店で休み、酒など飲んで、岩出の道を尋ねたところ、茶店のあるじは、どう見てもいやしい身分の者に見えたが、思いのほかに情《なさけ》があり、道に迷ったことに同情して、先に立って道案内をしてくれた。麗女はたいそう嬉しく思い、さきほど参拝した仏の御光《おおん》にあたる心地がし、心豊かになって道すがらの名所などを尋ねなどして、雨の耐えがたさも少しは気が晴れ、間もなく岩出に着く。男は宿をも見つけてくれ、麗女は別れが名残りおしくさえ思われて、酒を飲ませ物を与えて礼を述べる（「初午の日記」）。

田上菊舎尼は、善光寺参詣ののち、姥捨《おばすて》山の山中に一人分け入り、月を眺めているうちに、急に雷雨に見舞われ、近くの山が崩れ出したので、岩間に身を潜め、一心に念仏を唱えて一夜を明かす。菊舎尼が山へ登って行くのを見かけていた土地の伝五郎夫婦は、下山しない菊舎尼の身を案じ、山中へ入って探し出し、自分の家へ連れ帰って、親切に介抱をした。菊舎尼は夫婦の情けに心を打たれ、

姥捨た里にやさしやほとゝぎす

の句を詠じ、「此時の命のゝばゝりしは全く夫婦の情深きゆゑなり」と、一生その恩情を感謝し続けた（「手折菊」）。

戊辰戦争の最中《さなか》、小金井幸子は、三人の男子を連れて山越えしながら、米沢・仙台へと落ちのびる放浪の旅の中で、何日も風呂にも入らず、時雨が降り、吹きまくる風の中を冬

も近づく季節に、木綿一枚で日も暮れかかったころ、米沢との境の津奈木という所にたどり着く。ここの宿は米沢藩士のみしか貸さない。見かねた米沢藩士たちが宿に呼び入れ、湯浴みをすすめた。そして、どこへ行くのかと聞き、海の魚こそないが川魚や畑の物が豊富な米沢へ行くようにと助言した。手足がえびのようにまがり冷え切った体の温もりと長い放浪の旅でのはじめての風呂、親切な藩士たちの助言は、人間としての極限生活にあった幸子親子にとって至上の恵みであった（「戊辰のむかしがたり」）。

平和な世の確認

小石川といふわたりより、きよげなる家ども軒をならべて、賑はゝしう立続き、諸大名の館《やかた》々は金銀をもてちりばめ、市町には倭《やまと》はいはず、高麗唐土《こまもろこし》のたからの数をつくし飾りて、往来《ゆきき》の人は所せきまでなれば、山里のめうつし今ひとしほにぞおぼえける。まことに国富み民さかゆるとは、いま此御時なるべし。かゝるわたくしのあるきにも、道におそるべき人もなく、天が下穏《おだやか》に、すぐなる御《み》代《よ》にあふ事嬉しと、帰り来てよろこびける。（「伊香保記」）

関ヶ原の合戦（慶長五年、一六〇〇）からほぼ四〇年をすぎた寛永期に伊香保の湯を訪れ、武蔵野の千草の花を満喫して帰って来た豊後岡藩主中川久盛妻は、私的な旅であっても道中が安全であったことを喜び、改めて旅から帰って来た目で江戸の町並みを眺めると金銀をちりばめた諸大名の屋敷が立並び、往来の人びとは所狭しと行き交い、戦乱の終った平和な江戸の町は、穏やかに治まり、徳川の真っ当な治世の有難さを感じとっている。江戸の繁栄だけでなく、江戸を一歩出て目につく田畑の実りや城下町の賑わいはどこも目を見張るものがあった。

白河藩主松平定信の江戸藩邸に長い間勤めた屋代野川は任務を辞して故郷庄内松山へ帰る途中、いたる所で徳川の治世に感謝せずにはいられなかった。千住《せんじゅ》大橋を渡って竹の塚をすぎると田畑の稲の実りが目に入る。

行く行く見れば、田畑ひろ〴〵と稲葉の穂なみ雲につらなり、立帰るなどおもしろく

豊なる年のしるしも穂に出《いで》て　稲穂色づく小田の秋風

左の方を見やれば、日光の御嶽をがまれさせ給ふ。此御神の御威徳にてこそ四海治まり、時津風《ときつかぜ》枝を鳴らさぬ御代の道ひろき御恵みぞ誰か仰がざるべき。(「旅路の露」)

実り豊かな田畑、天下太平な様子を見るにつけ、家康の御威徳で国内が穏やかに治まっていることを誰もがうやまないではいられないと野川は、見送りの人びとと別れたばかりの淋しさを吹き飛ばし、国の豊かさに感嘆している。

夕つかた熊本につかせ給ふ。御やどりはさらなり、みちのほどもいときよらにはらひ

しつらはれたる、み心もちひのほどもおろかならず、国のゆたけき事はた思ひしられて、心ことにめでたし。（「松のさかえ」）

税所《さいしょ》敦子が、島津久光の養女貞姫が近衛忠房へ嫁ぐに際し、老女として同行上京する時、他国の姫君に対する熊本藩の心遣いとともに、幕末の熊本城下の繁栄を感じ取っている。

山田音羽子も、国替という公《おおやけ》の旅ではあったが、山形より館林へ到着した時、

老《おい》たるより幼《いとけなき》に至るまで多くのひとびと、はるぐの野路山路をやすくとこえきぬる事、誠に君の御恩とありがたく

あふぎ見よ君の恵みにあらざれば　ひなの長路をいかでこゆべき（「道中記」）

と、田舎道も何の障《さわ》りもなく、無事通過できた天下太平の恵みを感謝せずにはいられなかった。

人生への反省

今日もまた、荒田《あらた》すきかへす所々、いと多かり。蓑笠《みのかさ》うち着て、雨もいとはぬなりはひ、これや世のおほんたからとかたじけなし。居ながらに食《はむ》者《もの》は輿《こし》に乗りつゝ、何心も無くてぞ行く、げに心無きわざなりや。（「旅の命毛」）

土屋斐子が夫の赴任先堺へ行く途中、大井川を渡り浜松へ向う際に、雨の中を蓑笠をつけて荒田を耕す農民の姿に目をとめ、手を汚さず居ながらにして食べるだけの武士階級の

宿の女たち（山田音羽子「道中記」より〝雀宮〞）

自分は、輿に乗り何の苦労もなく通りすぎるとは思いやりのないことであると胸を痛めている。江戸の町に住んでいては気がつかない農民の働く姿に、改めて農民の上に置かれた武士階級の生活が、農民の働く恵みのお蔭であることを感じ取り、恥じ入る気持さえ持つのである。

また、赤坂をすぎると浄土宗法蔵寺があり、ここには家康が幼いころに手習いをした机や幾多の戦場で着古して裂け破れた衣類などが陳列されてあり、それらを見るにつけ斐子は「女のことわり知らぬ心に身一つをなど憂《う》し悲しと思ひけむ、そはたゞおのれが本意《ほい》のかなはぬうち〳〵の塵ばかりのわざぞかし」と女の身の上の細々としたことを嘆くことを反省し、家康が天下の人の心を自分の心として世を広く救わんと自分の身を無きものとして苦しんだであろうことを推測して、悲しく哀れにも思われ、有難さに涙を流す。

山田音羽子は道中の茶店の女房や町々の宿の飯盛女たちの立振舞いや身につけた着物や帯にいたるまで、細かく観察し、たとえ顔容《かおかたち》は悪くとも常に心がけ、物やわらかに、いやしい言葉を使わず、立振舞いに気をつけて行儀正しくすれば、自然と人柄もよく見えるものであり、特に武士の妻たる者は、常々の心がけ、身のたしなみこそが最も大切であると我が身を反省している。

変身し行動する女たち

家からの自立

肥後国久原村の帆足長秋の娘京《みさと》が、父母とともに十五歳の折、松坂の本居宣長のもとでの学習体験や道中での父の友人たちとの交流を深める八ヵ月に及ぶ旅は、京のその後の人生に大きく影響を与えた。それらは京にとって多少強制された旅ではあったが、世の知識人たちと交わり、他国の人びとの生活を知り、他郷の土地で暮らした体験は、京を大きく成長させずにはおかなかった。

京は二十歳の時、父の弟子であったともいわれる岡貞亮を迎えて結婚し、父のもとで子弟の教育を助けた。しかし五年後に二人は長秋のもとを去って家を出た。長秋の貞亮に対するささいな叱責が原因ともいわれるが、父の期待どおりの娘として、長秋の学問の後継者として育てられた京の、父に対する反抗であり、自分の人生を持とうとした京の自立の家出であったと思われる。長秋が京の家出四年後に詠んだ歌

なでしこのつくろひたてしかひもなく　今いづくにか身をはふるらむ

に、娘をわがものにしつづける置き去りにされた父親の哀れな姿が目に浮かぶ。

大和五条で新婚生活をすごした森田節斎・無絃夫妻は、間もなく五条を離れ、招かれるままに姫路や倉敷、福山などを転々として住みつき、塾を開いて教育と詩作に明け暮れする生活を続けた。ある時、塾頭の破門をめぐって無絃と節斎は意見を異にし、節斎がその塾頭の復塾を許可したことに腹を立てた無絃は、五十四歳の夫と七歳の一人息子を置いて家を出た。それまでは夫に寄り添った貞淑な妻であったが、一〇年になろうとする他郷の放浪に近い生活の中で、無絃は自分の意思で行動する女に変っていた。若いころの師であった藤沢東畡や親戚の家に一時は身を寄せたが、後に河内の鬼住で塾を開いて自活した。無絃三十九歳の時である。友人たちの取り計らいで、別居生活に終りを告げたのは、それから四年後の慶応四年（一八六八）、世は明治と改元された年の暮のことであった。しかし、節斎は復縁後四ヵ月で病死し、その後無絃は私塾を経営しながら一子を育てた。

政治活動へ

福岡の野村望東尼の文久元年（一八六一）の京都への旅は、望東尼の人生を一変させた。幼いころからの念願であった上京は、歌の師大隈言道《ことみち》に会い、亡き夫貞貫の遺詠と自分の詠草を刊行したいという願いによって五十六歳の身をいとわず実現された。船で瀬戸内海をのぼり、大坂に住む言道や歌の友を訪問し京へのぼったのは、年の瀬も押し詰ったころであった。

正月五日の初子《はつね》の日は、御所で慶賀の儀が行われ、一般拝観も許可されたので、望東尼も宿の妻の借衣裳で尼姿をつつみ隠して参内し「出御《しゅつぎょ》と人びといふを聞くだにかしこしともかしこくて涙さへおしぬぐはれぬ」（『上京日記』）と感に堪えず、このときより皇室に対する尊敬の気持を強くするようになる。望東尼の日記はこの日で突然終り、半年後の帰郷までの日記が一日もないことが、かえって望東尼の上京中の行動の謎を語り、心情の変化の大きさを示すようである。わずかの歌と故郷の女弟子へ送った手紙に行動の一端を見ることができる。「都は俄《にわか》に事むづかしくなりて、誠に戦《いくさ》も起るべきさまぞかし、国々より御大名御登り、又兵《つわもの》ども登るもありて、萩・薩摩屋敷のめぐり、いづれも町屋を買上げ広き御地となり、それにはゞからぬばかり人籠りたり」。感涙した天皇の住む京の都の様変りに心を痛めた望東尼は、そのころ勤王女流歌人といわれた大田垣蓮月を訪問して短冊二枚を贈られており、また近衛家の老女村岡局を隠棲《いんせい》先の上嵯峨の直指庵に訪問したり、歌人高畠式部と交わったり、勤王家といわれた人びとに近寄った形跡が見られる。望東尼の上京の目的の一つに、詠草を刊行し、女流歌人として生計を営む意図があったようであるが、かの有名な蓮月も陶器作りで生計を営み、式部は彫物を業としており、純然たる歌人として生計をたてることの難しさを知り、故郷へ帰ることを決心したものと思われる。

帰国後の望東尼は、勤王の志士たちと交わり、望東尼の隠棲する平尾山荘に福岡の勤王の志士平野国臣や長州の高杉晋作らが足を留めた折には、その世話をした。慶応元年（一八六五）、福岡藩の勤王党は閉門謹慎を命じられ、望東尼も謹慎中、何度か役所へ呼び出され訊問を受けたが、志士たちの身を案じ口を固く閉ざし、

人のつみわが身におひて老の身の　重荷にかろくなすいのちかな

と述べ、国家に捧げた身と死を覚悟した。その年の冬、玄海灘の孤島姫島（福岡県唐津湾沖）へ流罪となり、翌年高杉晋作の部下に救出され長州の勤王家の家を転居しているうちに薩長連合が成立した。薩長軍が王政復古をめざして東上するのを眼《ま》のあたりに見たいと、望東尼は三田尻（防府市）の荒瀬家に滞在した。七日間宮市《みやいち》の天満宮に参詣して戦勝の祈

願をし、一日に一首の歌を奉納した。四日めの歌に、女ながらも志士たちに負けない強い勤王の精神を見ることができる。

梓弓ひく数ならぬ身ながらも　思ひいる矢はたゞに一筋

七日詣《もう》でが終ったころより、望東尼は病床につく身となり、十月十四日倒幕の密勅が下った知らせを受けながら、

冬籠《ふゆごもり》こらへこらへて一時に　花咲きみてる春は来るらし（『防長日記』）

の歌を最後に、一ヵ月後の王政復古令を待たずして、今わの際《きわ》まで国を思い天皇親政の世の到来を信じ、六十二歳の生涯を他郷の地に閉じた。

勤王活動家へ　信濃国伊那郡伴野村の名主松尾淳斎の妻多勢子は、平田篤胤の門人岩崎長也が飯田に来るや、その勤王論に傾倒し、五十一歳で篤胤没後の門人となった。それまでの多勢子は夫によく仕え、舅姑に孝を尽し、二男四女の教育をし、よく内を治め、農業機織に励み、使用人の面倒をよく見るというごく普通の名主の妻であった。少女期に親戚の北原家に住込み、寺子屋教育と女功一通りのことを教育され、後に飯田の歌人福住清風について和歌を学んだ。

多勢子は夫淳斎が病弱なこともあって、夫とともに療養をかねてたびたび旅へ出た。そ

の主なものをあげてみると、弘化二年（一八四五）、三十五歳の時、善光寺・五智如来詣での半月の旅に出ており、二年後には遠州秋葉山に参詣し清風亡き後の歌の師石川依平を訪問している。安政二年（一八五五）、四十五歳の時、夫や四女やそ、親戚の北原きそらとともに江戸見物に出かけ、その折、多勢子は領主である高須藩主松平義建《よしたつ》の屋敷に招かれ歌を奉上し、帰途はふたたび善光寺に参詣している。安政六年（一八五九）夏には夫の療養のため、上州草津温泉へ出かけ、帰途はまた善光寺に参詣し、諏訪の行商国学者松沢義章の妻を訪れている。

多勢子は旅を重ねながら、各地の歌人や国学者と接して知見を広め、激しく移り行く世の動きを敏感にとらえるようになる。旅は多勢子にとって生きた学問であった。

国学・和歌・能の教授を通して天下の大勢を説き勤王思想を鼓吹する岩崎長世の影響によって、多勢子はいちはやく勤王の精神を持つようになり、異国船渡来に心を痛め、憂国の士となる。

文久二年（一八六二）八月、五十二歳の多勢子は諸国の浪士が集まる過激派運動の盛んな京都へと旅立つ。この旅は多勢子にとって勤王運動そのものであった。

豪商伊勢屋の周旋で麩屋町の借家に居を定め、歌を通じて大原重徳《しげとみ》、白河資訓《すけのり》、裏辻公《きみ》本《もと》ら勤王公家《くげ》をはじめ、孝明天皇の侍講《じこう》であった石州津和野の福羽美静《ふくばびせい》、長州の小田村文助（後の楫取素彦）・品川弥二郎・久坂玄瑞、薩州の中村半二郎（後の桐野利秋）ら勤王志士たちや、大田垣蓮月、高畠式部ら勤王女流歌人と呼ばれた人びとと深く交流した。多勢子の所には常に志士たちが出入りし「みそか事」を依頼した。多勢子在京中の日記には所々に「長屋ぬしの来て、みそか事の尋ねん事あればとて打つれ立外へ行」「みそかごとたのまれける」「うつまさといふ所に密に尋ぬる事のありて、人しれず行」などが見える。多勢子の行った「みそか事」の一つに、岩倉具視《ともみ》の命を救ったというエピソードが伝えられている。当時公武合体論をとなえる岩倉具視を、過激派の志士たちは奸賊とみなし、斬るべしと騒いでいたのを、多勢子は岩倉家へ出入りして具視に面会し、具視が穏健だが熱烈な勤王論者であることを察知して、志士たちを説き伏せ志士らの具視暗殺を断念させたという。

多勢子は上京の年、京都で年を越し、正月の宮中の節会《せちえ》には、女官たちに交って参拝した。その年の二月洛西等持院に安置する足利尊氏・義詮・義満の三代将軍の木像の首を斬り、逆賊として暗に徳川家を諷示《ふうじ》する意図で三条河原にさらした足利木像梟首《きゆうしゆ》事件が起き、犯人と目された平田門の志士たちが捕らえられた。多勢子も嫌疑をかけられたため、しばらく長州藩邸にかくまわれることになった。

多勢子は、ここで藩士久坂玄瑞や品川弥二郎らと親しく国事を論じ合い、藩主毛利敬親《たかちか》にその義烈節操を称えられて白鞘《しろさや》の短刀を贈られた。長州藩邸に一ヵ月半ほど潜伏したのち、長男誠らの迎えを受け、伊勢神宮・熱田神宮の参詣をして五月に帰郷した。九ヵ月に及ぶ勤王家公卿志士たちの周旋役を勤める大役の旅であった（『上京日記』）。

岩倉家の女参事

故郷信州の伴野村に帰った多勢子は、幕府の追跡を逃れて来る者や、大事を企てる者たちが、多勢子を頼って伴野村へ来ると、その世話をした。自宅の二階や近くの古家に住まわせ、米・塩・味噌・醬油・野菜・薪・炭にいたるまで与えた。時には衣類の世話、他へ逃す旅費や行き先の周旋まで行届いた世話をし、松尾家や近くの古家には常に五、六人の浪士たちが滞在していたという。こうした多勢子の行動は家族あげての応援があったからこそ実行できたことであるが、多勢子の誠心誠意の勤王への忠節が家族の理解を得たともいえよう。長男誠は松尾家にかくまった浪士が捕えられ、その連鎖で長州に通じているという嫌疑をかけられ、江戸へ呼び出されて取調べを受けるなどしたが、そうしたことに屈することなく多勢子は浪士たちを助けつづけた。

明治元年（一八六八）正月、多勢子は長男誠を伴って王政復古令の出た京都へ向った。

客分として岩倉家に宿泊し、当時岩倉家の奥勤めをしていた梅野（後の教育者三輪田真佐子）とともに、具視の娘たちの教育係を勤め、多勢子は和歌国文を教授した。一方、志士たちと交わり、具視と志士の間にあって世情を伝え、具視の妻槙山の信任も厚く、維新前後の十余年間、多勢子は岩倉家の奥向きにとって最も必要な人となっていた。多勢子は「岩倉家の女参事」と呼ばれ、多くの志士たちが多勢子の周旋によって官職に就き「岩倉の周旋ばあ」とも呼ばれた。東征軍が組織されるや長男誠を奥羽鎮撫総督沢為量《ためかず》に従軍させ、次男、四男を東山道鎮撫総督岩倉具定（具視の次男）に従わせ、その門出を祝った。

男の子等が従軍の門出をいはひて
陸奥《みちのく》のうばら（いばら）しこ草（きたない草）打ちはらひ　はなのにしきを身に
まとひてよ
（『拾遺』）

明治の世になって、多勢子は明治二年（一八六九）と十四年の二度東京へ出て、新政府高官になった岩倉具視の家に出入りし、相変らず種々の周旋に奔走した。

書き残された旅日記

近世の女たちの綴った旅日記が、手元に一八〇点ほどに増えた。まだまだ今後増えつづけることと思う。題名だけがわかっているがその所在がわからず、いまだに探しつづけている旅日記も何冊もある。

旅日記を綴った動機

近世の女たちは、なぜ旅日記を綴り、それを残したのだろう。旅日記を綴った動機には、大きく分けて二つが考えられる。一つは、自分のために書き綴ったものであり、いま一つは、他人のために書いたといえよう。自分のために書いたのは、少ない貴重な経験を大切な思い出として残しておきたいという気持があったであろう。時々読み返して追体験して、その折の感動を呼び起こすことは人間にとって大きな喜びの一つである。

出羽新庄藩主戸沢正親の妻瑞子《ずいこ》は文政四年（一八二一）、江の島・鎌倉見物に出かけ、海辺で貝を拾い、小舟で島めぐりをし、広大な山や海の景色を満喫した旅の経験を書き留めているが、文の終わりに、

こはうとき人に見せんとにはあらず、年をへて忘れなむ折の思ひ出草にとて、露ばかりおぼえたることどもをしるしおくなり。されどおのづからみしのぞく人あらんかとつゝましうなむ。筆詞もつたなくして殊にかろ〳〵しきまではしたなき忍ひありきをや。（「旅日記」）

これは他人に見せるためのものではなく、年月がたって忘れてしまった時の思い出草として、少しばかりおぼえていることを書いておくのである、とはいっても、のぞき見する人もあるかとはばかられる。筆の運びも文章も下手で、軽々しいみっともないものであると、見られた時の心配を弁明をしている。

弓屋倭文子も旅日記「伊香保の道ゆきぶり」のしめくくりとして、「かく書きつめたるは、人わらへなるわざながら、おのがものから、後見《のちみ》んには心慰むものとぞ聞きしゆゑ」と、後になって読む人の心を慰めるものであると聞いているから書いたと述べている。

自分のために書く動機に、行程や行き先の記録やその日の金銭出納簿としての役目、あ

るいは納経帳などもある。旅日記のなかには、そうした単語や数字など短い文字で綴られたものもあるが、こうした記録も一日の行程や行き先、当時の物価や交通の様子などが読みとられ、旅のあり様を楽しむことができる。書いた本人にとっても後になって短い文字を眺めるだけでその背後に多くの思い出を読みとることができたであろう。

他人のために書いた旅日記には、旅を経験することのできない人びとや子・孫のために書き残したものもある。詩歌を詠むための旅は紀行文として書き残され、それは他人に読んでもらうために、あるいは師の添削を受けるために、何度も書き替えられ清書されて残されているため何点かの内容が少し異なる写本が存在する。また戊辰戦争などの苦しい体験には人びとに語り残すために書かれたものもある。

旅日記の伝わり方

近世の女たちの旅日記が、二〇〇年、三〇〇年の時代をへて、現代のわれわれの目に触れるのは、多くの人の努力のお蔭である。

残された旅日記には、版本として当時出版されたもの、蔵の中に代々大切に保管されてきたもの、写本として伝えられてきたものなどがあるが、女たちの旅日記は現代のように公の機関で保存管理されることが少なく、個人の家にあっても重要視されず、偶然というか、たまたま個人の努力によって持ちつづけられたものが多い。一歩間違えば焼き捨てられる運命にあり、現に焼き捨てられたり、行方不明になった旅日記は数多くある。先代までは大切に保管されていたものが、次の代になって始末されたり、家の建て替えなどで処分されてしまうことも多い。私は個人の家の蔵の中に眠っていた旅日記に出会った経験を何度もしたが、その時には、旅日記に出会ったというより、それを書いた人に出会った思いがする。長野県飯田の森本都々子や千葉県富津市の織本花嬌、同じく稲村喜勢子、和歌山県御坊市の瀬戸氏お岩や岡野の旅日記などがそうである。また、現代では図書館や文庫に保管されていながら、これまで誰にも読まれることなく眠っていたものは数多い。黒田土佐子の「石原記」や小笠原いせ子の「幾佐良喜《きさらぎ》の日記」、中村いとの「伊勢詣日記」などは、かなりの分量のしっかりした作品でありながら誰にも読まれていなかった。佐竹家用達の町人で歌人の津村淙庵編の「片玉集」などに書写されている小さな旅日記となると、著者がどういう人物なのか不明のものも多い。

版本として残されているものは、俳諧集や歌集に比べると数はずっと少ないが、出版物であるので同じ本が各所で見いだされ、人目につきやすいためすでに大正期に活字化されたものも十数点ある。

写本で残されたものは、内容が少しずつ違っていたりして厄介であるが、これが最も面白い。何冊かを照らし合わせて読むと、言葉の意味の通じない所を読みやすく書き替えてあったり、同じ言葉もいろいろな文字で表現されたり、文章が削られていることもある。写本の場合は大体後書きが書かれてあり、書写した人の署名があり、また誰から借りていつ写したかなどが明記されていることが多い。さらに筆者の解説や作品の批評なども加わったり、その他後書きの中に思わぬ歴史の裏面をのぞくこともある。

旅日記を綴る意義

旅日記のうち金銭出納簿的なものや、行き先・宿泊先・一日の行程などを綴ったものは、懐に入れられた小さな冊子に旅の先々で書きつけられたものが多いと思われる。もっとも金銭出納簿などは、提出先がある場合には清書されたものもあるであろう。旅日記にも懐に入るような小さなもの（松尾多勢子の「都のつと」や青山豊女の「善光寺道中日記」、瀬戸氏お岩の「たびにつき」、中山三屋の「旅日記」など）もあり、旅の匂いさえただよってくる思いがする。

旅から帰ってきて、すぐ書かれたもの、あるいは五年後、一〇年後に書かれたものもある。師の添削を受けたものは朱点や朱の書入れが入っているものもある。旅日記の形態から旅日記を書いた時の状況をつかむことができる。

旅日記を綴ることによって、その筆者が、旅の中で何を見、何に興味を持ち、何に感動

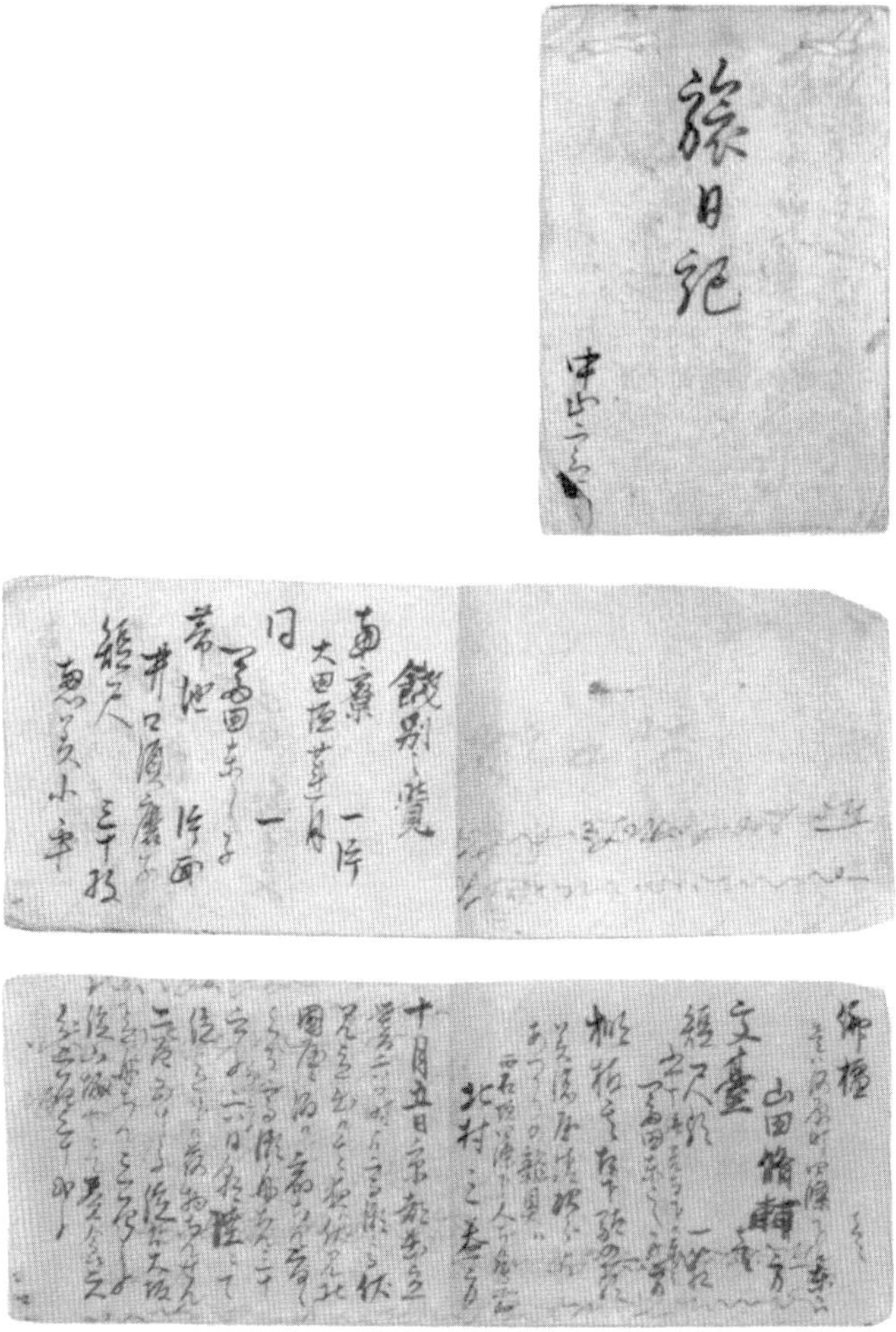

中山三屋「旅 日 記」

したのか、近世の女たちの思いやこころに近づくことができる。そのうえ、われわれは当時の各地の物産や生活、行事や風習、そのころの観光地や名所旧跡の様子、道中の風景、山や川、海・港・島の様子、買物、みやげ物、宿屋や寺社の造りなどさまざまなことを読み取ることができる。

筆者自身は、書くということによって、旅の中でのいろいろな事柄を筆と絵によって自分のものとして表現し、旅行案内記には見られない豊かな新鮮な記憶として残すことになる。また書き綴りながら自らをふりかえり、反省し一歩高い所へ自分を引き上げている。文学作品として書かれた歌や句を折り込んだ紀行文などは、何度も書きかえられたものもあり、苦労のあとが見えるが、いずれも書くことが文学の修業の一つとなっている。

書かれた旅日記は、単なる旅日記にとどまらず、文学史・交通史・海運史・風景史・観光史・生活史・民俗史・食物史・物価史・産物史と呼べるものに多くの資料を提供している。さらに旅日記を読んだ当時の人びとや現代のわれわれにさえ旅への強いいざないをうながすのである。

女旅日記の語るもの——おわりに——

現代の旅との比較

近世の女たちとともに、実に多くの旅を経験した。海道を歩き、峠を越え、川を渡り、山中の道に迷い、雨風に打たれ、船酔いを経験し、目と足で歩き、景色を堪能《たんのう》し、風待ちをし、川の水の量が少なくなるのを何日も待ち、自然に逆らわず、自然の中にどっぷりつかって、自然とともに旅をした。田を耕す農民や物を商う町人、客を接待する茶屋の女たちや飯盛女たち、小舟を漕いで近寄って来て魚を売る島の女たち、さまざまな働く庶民の姿に心をとめ、その身の上を思い、心を痛め、感謝し、自分をかえりみる機会を持った。

名所旧跡を訪れ、その場に立ち止って故人を偲び、古歌を口ずさみ、故事を思いおこし、涙を流し、神や仏に心から祈りを捧げ、あらためて本尊と先祖に手を合わせずにはいられなかった。

旅の中では、女たちの日常の規範は通用せず、男女同席して歌を詠《よ》み歌仙を巻き、手を携えて山道を登り、同じ船底に横たわり、戦乱の旅の中では同じ部屋で身動きできないほどの人数で生活し、身分や老若男女にかかわらず、同じ物を分け合って飲み食べ、同じ火を囲んで慰め合った。

同好の趣味の友人との旅もあるが、家族との旅が実に多い。母を旅へいざなった儒学者頼山陽や尊王攘夷派の志士清川八郎の旅は有名であるが、近世の女たちも父や子との旅、そして夫婦の旅を楽しんでいる。農民の夫婦の旅もあるが、漢詩人・国学者・俳人たちの同じ趣味を持つ夫婦の旅が目にとまる。旅の中で同じ月を眺めて歌を詠み、句を吟じ、神仏の前で奉納歌を捧げ、足弱の妻をいたわり、手をとり背に負い、妻のために関所の前でたじろぎ、ともに危険な抜け道を歩き、同じ冊子に旅の感動を綴り、あるいは別々の旅日記を書いて互いに読み交わし、新たな感動にひたる。旅の中では儒教の道徳にない男女・夫婦・親子の対等の世界があった。

女たちが旅の中で多くの交友を暖めたことは再三述べてきた。家族同様の関係になる同行の友、訪問の先々で心から歓迎し宿を提供してくれる友やその家族、そこへ集って来る仲間たち、見も知らぬ旅人へ一夜の宿を貸す村人たち、旅の道連れ、同宿の旅人、一休みした茶店の人びと、駕籠かきや船頭たち、そして身分を越えて同じ座に坐って対等の人間として語りかける領主やその家族、彼らと語り合い、歌を詠み交わすことで広い人間関係がうまれた。

自然は歌や句の多くの題材を与えてくれ、部屋の中で行われる歌会とはまったく異なる匂いや音や心のときめきなどを与えてくれた。旅は学問の教場であり人生の道場であった。

近世の女たちの旅日記は、現代の旅とはあまりにも違う多くの感動を語っている。

男たちの旅日記との比較

近世の男たちの旅日記は女たちの旅日記に比較にならないほど、無数に残されている。男たちは旅を栖《すみか》とし、旅の中で修業することも多いが、旅を娯楽として考えている面は、現代の旅に通じるものがある。飯盛女、留女《とめおんな》たちとの戯れ、寺社参詣、登山の後の精進落しの乱痴気騒ぎなどの旅のおまけは、女たちの旅にはない。女たちは純粋に旅そのものを楽しみ、慈《いつく》しんでいる。

男たちの旅には公務の旅が多い。参勤交代や任務交代、巡見使、視察など公用で多くの人びとが旅に出かける機会があった。

武者修行の旅もあり、探検の旅もあった。本草学者の薬草採取のための旅もあり、名所記や浮世絵を画く旅や商いの旅もあり、女たちとはおのずと異質の旅日記を残している。

旅日記から見える女たちの人生

旅日記からは旅を越えた女たちの人生が垣間見えてくることがある。

少女たちの旅日記からは、父や兄らの保護者たちが、娘や妹の可能性を試み、社会的規範とは無関係に、その才能をのばす機会を与えていることがうかがえる。そのことは結婚した女たちにもいえることであり、夫は妻の才能を磨くために労を惜しまず、旅に出て知識人との交りを深めさせ、時にはそのために全財産を投げ出し、定住の家も持たず、ともに天下を闊歩して生きて行く。

保護者がいなくとも、自ら旅を栖《すみか》に選び、旅の中で人生をすごす女たちもいる。自分のためでなく、亡《な》き父のため、亡き夫のため亡き師のため旅に出て、その追善供養に人生をすごす女たちもいる。

父母を捨て、子を捨て、夫すら捨てて家を出て、新しい人生を旅の中ですごした女たちもいる。

女たちが旅に出た年齢は、統計上は圧倒的に五十代が高い数字を示す。主婦の座を次の代へ譲るか、後家となって身軽な身になってから旅に出るということも考えられるが、この年代になってやっと自分の人生を持ち、物事に積極的に取り組もうとする姿勢も強く感じられる。少女のころに、少しばかり物学びをしたことを時間的な余裕のとれるようになった五十代すぎてふたたび学びにつき老後を豊かにしていこうとする姿勢や、年を取っても文芸などへの情熱を失わず、その道への精進に励む姿に、老後の生き方を学ばさせられる。

経済力を持っていた女たち

旅日記を読むことで女は家の内にいて家をよく治め、織縫調食育児のみに人生をすごしていたのではないことを知らされる。旅に出た女たちが経済力を持っていたことは、旅の費用の捻出からも想像できる。旅が長い日時を要することや荷物をかつぐ従者を伴うことなどから費用がかかることはわかるが、金銭出納簿を見ると、現代の旅では必要としないさまざまな費用を要することに気付く。それらの費用は、長い間、男たちとともに働いてためたお金であり、夫や息子から与えられたお金でないことは、家刀自《いえとじ》として家を支えてきた女たちの旅日記が多いことからも想像がつく。

また、女たち自身が奥女中として故郷を離れて勤めをした働く女性であったことや、旅日記に登場する庶民の女たちの生活をかけて働く姿の中から、女たちがいかに経済力を持っていたかを知ることができる。

裏面史を語る旅日記

国替えの道中記から、国替えにあわてふためく庶民や藩士の家族、家具や飼っていた動物の処置、墓参の様子、仮住いのこと、城の明け渡しにともなう藩士や町民の行動、そして道中の様子など数々の人間の息づかいを教えられる。歴史書は制度と公式行事しか示してくれない。

幕末期、政治活動に身を投じた女たちが捕われて他郷ですごす日記や旅日記から、歴史書に出てこない人びとの生死をかけた行動や言葉によって裏面史が描き出され、どんなものよりも心を打たれるドラマが展開する。

幕末の江戸城大奥で城を守り、無血開城に尽した女たちの働きは、歴史書には描かれず、讃えられるのはいつもトップの政治家たちだけであるが、歴史の流れを変えていくのに女たちがどれほど多くかかわっているかを、旅日記一つからも知らされる。

一方、旅日記は明るい面のみでなく、出奔という旅もあり、何らかの理由を背負って歴史の闇の中に消えて行った人びとのいたことも知らされ、心の痛みを感じる。

旅日記は、主として家の中で書かれる日記と異なり、行動をともなった日記であるので、そこから人間の生き方や、人びとの暮らし、建造物・交通・政治・経済・文芸といろいろのことがらを学び取ることができる。こうした貴重な旅日記を掘り起こし、保存し、次の時代へ引き継ぐ意義はたいへん大きいと思われる。

参考文献

本荘熊次郎『一字庵菊舎尼遺稿』（一九二五年、非売品）
屋代熊太郎編『税所敦子刀自』（一九二六年）
古谷知新編『女流文学全集』全四巻（一九一九年、文芸書院）
布村安弘『明治維新と女性』（一九三六年、立命館出版部）
市川咸人『松尾多勢子』（一九四〇年、山村書院）
原采蘋先生顕彰会『日本唯一閨秀詩人原采蘋女史』（一九五八年、非売品）
岩井良衛『東海道五十三次』（一九六四年、中央公論社）
『静寛院宮御日記』（続日本史籍協会叢書、一九七六年復刻、東京大学出版会）
今野信雄『江戸の旅』（一九八六年、岩波書店）
宮崎十三八編『会津戊辰戦争史料集』（一九九一年、新人物往来社）
北条秀一『評伝　田上菊舎』（一九九二年、私家版）
楠戸義昭『維新の女』（一九九二年、毎日新聞社）
楠戸義昭『続維新の女』（一九九三年、毎日新聞社）
別所真紀子『「言葉《エクリチュール》」を手にした市井の女たち』（一九九三年、オリジン出版センター）
深井甚三『近世女性旅と街道交通』（一九九五年、桂書房）

前田淑「山梨志賀子と『春埜道久佐』」（『福岡女学院短期大学紀要』一九、一九八三年）
前田淑「沓掛なか子と『東路の日記』」（『福岡女学院短期大学紀要』二〇、一九八四年）
前田淑「帆足京―その生涯と作品―」（『福岡女学院短期大学紀要』二一、一九八五年）
前田淑「近世後期の北筑前における女性の文芸活動」（『福岡県史』近世研究編福岡藩三、一九八八年）
小暮紀久子「近世における女性の関所通行について」（『論集近世女性史』所収、吉川弘文館、一九八六年）
雑誌『江戸期おんな考』一〜（一九九〇年〜刊行中、桂文庫）

あとがき

この一冊は論文でもなく、ましてや、この一冊によって新しい学説を試みたり、学問に寄与しようとするものでもありません。あまりにも、これまでの歴史書の中に過去の女たちの生き方や考え方を述べたものがなく、特に近世の女たちの生き方は貞女・孝女一色でえがかれ、そこに人間らしさを感じ取ることができませんでした。『女大学』という女の生きる規範のはびこる、窮屈で自由のきかない時代と思われていた時代にこそ、女たちの真実の叫びや悲しみ、喜びを感じ取ることができ、そこに時代を越えて歴史の底に波打つ普遍的な女たちの人間らしい生き方を見いだせるのではないかと思い、その一心でひたすら近世の女たちの書き残したものを長年捜し求めて来ました。それらの中から、女たちの置かれた状況や考え方や行動の分かる旅日記に焦点を当て、一冊にまとめてみました。

これまで、近世の女たちの旅に関する研究では、関所、手形、街道、宿場の飯盛女など優れた研究がいくつも発表されて来ましたが、制度史、交通史の観点からの研究が主なものでした。私は個人の旅がどのようなものであり、それがその人に、どのような影響をもたらしたかを知りたく、一八〇点の女の旅日記の中から興味の赴くまま羅列してみました。これまでの近世女旅の研究の検討や女旅の時代的特質などを述べるより、一点でも多くの女たちの旅日記や一人でも多くの女たちの行動を書き留めたく、その結果、旅日記の羅列に終わりました。羅列した旅日記の中から、これまでの研究の裏付けとなるものがあるのか、あるいは掛け離れたものであるのかは、今後の研究となりましょう。

私は、近世の構造や特質などを明確にするために近世の女たちに近づいたのではありません。歴史の表であろうと裏であろうと、人間が時代の中で精一杯生きたということを、その人の書き残した史料や回りの資料の中からつかみ取り、これからの生き行く方向の糧にしたいと思うのです。それゆえに、近世の女たちの考え方や生き方と自分のそれとが重なり合ったり、対比したりします。近世の女たちが時代を生きた姿をありのままに書き留めたものから、それらをありのままに読み取り、そこから時代の特殊性を見出すのではなく普遍的なものを学び取っていきたいと思います。学問の目指す女性史研究とは逆の視点でしょう。そのことが卑近な低俗なことと言われようと、私はこの姿勢を崩したくはありません。

たった一度の人生をより良く生きていきたいと願いから、主婦として職業人（生活の糧を得るための仕事）として生きる人間が、わずかの時間を見出して集めた近世女の旅日記を羅列した一冊を、主として学術専門書を出版してきた吉川弘文館が出版してくださることに心から感謝申し上げます。

また、取材調査にあたり、多くの方々のご援助をいただきましたことを改めて感謝申し上げます。

本書に掲載された写真は、殆んど近世の女たちの手になる貴重な史料です。写真掲載をご許可下さいました原本所蔵の新居関所史料館、明治大学刑事博物館、黒沢清一氏、国香春子氏、善甫清秀氏、村上斎氏、森本信正氏、山田秀穂氏に心からお礼を申し上げます。

一九九六年十二月

柴　桂　子

著者紹介

一九三七年、福岡県に生まれる
一九六三年、早稲田大学第二文学部史学科卒業
現在、桂文庫主宰

主要著書

江戸時代の女たち—封建社会に生きた女性の精神生活　会津藩の女たち—武家社会を生きた十人の女性像　江戸時代の女たちその生と愛　二宮文—父尊徳の事業に尽した生涯　江戸期の女たちが見た東海道　江戸期・女たちが歩いた中山道

歴史文化ライブラリー
13

近世おんな旅日記

一九九七年(平成九)四月一日　第一刷発行
二〇〇四年(平成十六)三月十日　第二刷発行

著　者　柴《しば》　桂《けい》　子《こ》
発行者　林　英　男
発行所　株式会社　吉川弘文館
東京都文京区本郷七丁目二番八号
郵便番号一一三—〇〇三三
電話〇三—三八一三—九一五一〈代表〉
振替口座〇〇一〇〇—五—二四四
http://www.yoshikawa-k.co.jp/
印刷＝株式会社 平文社
製本＝ナショナル製本協同組合
装幀＝山崎　登

歴史文化ライブラリー

1996.10

刊行のことば

現今の日本および国際社会は、さまざまな面で大変動の時代を迎えておりますが、近づきつつある二十一世紀は人類史の到達点として、物質的な繁栄のみならず文化や自然・社会環境を謳歌できる平和な社会でなければなりません。しかしながら高度成長・技術革新にともなう急激な変貌は「自己本位な刹那主義」の風潮を生みだし、先人が築いてきた歴史や文化に学ぶ余裕もなく、いまだ明るい人類の将来が展望できていないようにも見えます。このような状況を踏まえ、よりよい二十一世紀社会を築くために、人類誕生から現在に至る「人類の遺産・教訓」としてのあらゆる分野の歴史と文化を「歴史文化ライブラリー」として刊行することといたしました。

小社は、安政四年(一八五七)の創業以来、一貫して歴史学を中心とした専門出版社として書籍を刊行しつづけてまいりました。その経験を生かし、学問成果にもとづいた本叢書を刊行し社会的要請に応えて行きたいと考えております。

現代は、マスメディアが発達した高度情報化社会といわれますが、私どもはあくまでも活字を主体とした出版こそ、ものの本質を考える基礎と信じ、本叢書をとおして社会に訴えてまいりたいと思います。これから生まれでる一冊一冊が、それぞれの読者を知的冒険の旅へと誘い、希望に満ちた人類の未来を構築する糧となれば幸いです。

吉川弘文館

〈オンデマンド版〉
近世おんな旅日記

歴史文化ライブラリー
13

2017年（平成29）10月1日　発行

著　者　柴《しば》　桂《けい》子《こ》
発行者　吉川道郎
発行所　株式会社 吉川弘文館
〒113-0033　東京都文京区本郷7丁目2番8号
TEL　03-3813-9151〈代表〉
URL　http://www.yoshikawa-k.co.jp/

印刷・製本　大日本印刷株式会社
装　幀　清水良洋・宮崎萌美

柴　桂子（1937～）

ISBN978-4-642-75413-2